나를

포기할 수

없었다

나를 포기할 수 없었다

지은이 | 김근영
초판 발행 | 2023. 5. 24
3쇄 발행 | 2023. 5. 26
등록번호 | 제 1988-000080호
등록된 곳 | 서울특별시 용산구 서빙고로 65길 38
발행처 | 사단법인 두란노서원
영업부 | 2078-3352   FAX | 080-749-3705
출판부 | 2078-3331

책값은 뒤표지에 있습니다.
ISBN 978-89-531-4470-5 03230

독자의 의견을 기다립니다.
tpress@duranno.com   www.duranno.com

두란노서원은 바울 사도가 3차 전도여행 때 에베소에서 성령 받은 제자들을 따로 세워 하나님의 말씀으로
양육하던 장소입니다. 사도행전 19장 8-20절의 정신에 따라 첫째 목회자를 돕는 사역과 평신도를 훈련시
키는 사역, 둘째 세계선교(TIM)와 문서선교(단행본·잡지) 사역, 셋째 예수문화 및 경배와 찬양 사역, 그리고 가
정·상담 사역 등을 감당하고 있습니다. 1980년 12월 22일에 창립된 두란노서원은 주님 오실 때까지 이 사
역들을 계속할 것입니다.

끝까지 야곱을 추적하시는 하나님의 사랑

나를
포기할 수
없었다

김근영 지음

JACOB

두란노

목차

1

내 계획대로
될 줄 알았다

2

나를 내려놓으니
주가 보였다

3

하나님은 나를
포기하지 않으셨다

추천사

'강해 설교'를 고대 본문인 성경의 원래의 의미를 찾아내어 현대의 성도들의 삶에 적용하는 것을 목적으로 하는 설교 방식이라고 한다면, 김근영 목사님은 그야말로 탁월한 강해 설교자라고 할 수 있다. 김근영 목사님은 성경의 원래의 의미를 찾아내는 데 있어 단순히 교리적이고 추상적인 진리를 학문적으로 드러내기보다는 처음부터 성도들의 삶에 적용하려는 분명한 의도를 가지고 주해하고 적용하며 설교하고 있기 때문이다.

강해 설교를 하는 이들 가운데는 본문 자체를 주해하는 것을 주목표로 삼는 경우가 많다 보니 적용이라는 실천적 지향점을 설교하는 전체 과정에서 항상 가시적인 목표로 두지 않게 되고, 학문적으로 원래의 의미를 찾아내었다고 하지만 구체적인 적용이 자연스럽게 이루어지지 않아 억지 적용을 하는 경우가 많이 있음을 볼 수 있다. 그러나 김근영 목사님의 설교는 처음부터 끝까지 실천적인 적용을 지향점으로 삼고 있기에 삶의 적용이 본문에서 자연스럽게 흘러나오는 느낌을 받는다. 그렇기 때문에 성도들이 설교를 들으면서 고대 성경 본문을 바로 자신의 이야기로 받아들이게 만드는 독특한 매력이 있다. 게다가 김근영 목사님은 문장의 스타일이 짧고 간결하기 때문에 메시지에 남성적인 힘이 넘친다. 그렇다고 남성적인 투박함만 있을 것이라고 생각하면 오해이다. 김근영 목사님의 메시지는 따뜻한 심장을 가진 목회자의 특징인 위로와 긍휼로 가득 차 있기에 설교를 듣다 보면 어머니 같은 여성적인 다독임을 느낄 수 있다.

특별히 이 책은 우리처럼 험악한 삶을 살았지만 끝내 하나님의 얼굴을 보았던 야곱의 이야기를 곡진하게 다루고 있다. 풍파 많은 현대인들의 삶의 고난을 이해하게 만들 뿐 아니라 하나님의 얼굴까지 보고 싶은 마음을 가지게 만드는 은혜롭고 신비한 메시지들로 넘쳐난다. 강해 설교에 관심이 많은 목회자나 신학생은 물론 야곱을 좋아하는 사람이라면 누구나 한 번 꼭 읽어 볼 것을 기쁨으로 추천하는 바이다.

김지찬 총신대학교 신학대학원 구약학 교수

사랑하고 존경하는 김근영 목사님의 책을 펼쳤을 때 먼저는 목사님의 따스함과 열정이 어우러진 생생한 목소리를 듣는 느낌이었습니다. 저자는 야곱 인생을 집요하게 파헤치면서 한 사람의 인생을 넘어 모든 인간 속에 자리 잡고 있는 '야곱 근성'이라는 것을 펼쳐 놓았습니다. 놀라운 것은 그 야곱의 성격과 삶 속에 나 자신의 모습도 들어 있다는 사실입니다. 더 놀라운 것은 이런 모습임에도 불구하고 하나님은 마침내 우리를 찾아오시고 다듬어서 당신 앞에 굴복하게 하신다는 사실입니다. 한순간도 야곱의 손을 놓지 않고 변화시켜 가시는 하나님의 끈질긴 사랑 안에서 우리의 인생도 붙들고 계시는 하나님을 발견하게 됩니다.

하나님과 깊은 영적 교제를 유지하는 독자들은 이 책에서 격려를 받게 될 것입니다. 원하는 것을 얻었지만 여전히 영적 허기를 경험하는 사람들은 이 책에서 하나님만이 채우실 수 있는 빈 방을 발견하게 될 것입니다. 영적 어둠의 길을 걷거나 생각처럼 인생이 펼쳐지지 않는 사람이 있다면 바로 곁에서 속삭이시는 주님의 음성을 듣게 될 것입니다. "이제 벧엘로 올라가라." 그때 우리의 삶은 자신을 향해 달려온 세겜 인생을 끝내고 주님을 위해 불꽃처럼 살아가는 벧엘 인생을 시작하게 될 것입니다.

류응렬 와싱톤중앙장로교회 담임목사

주님 안에서 동역자 된 김근영 목사님의 책, 《나를 포기할 수 없었다》가 출간되어 기쁘게 생각합니다. 김근영 목사님은 사랑의교회에서 수년간 예배 디렉터로 섬겼는데, 매 주일 영광스러운 예배를 위해 마음 다한 수고와 뜨거운 열정을 한결같이 보여 준 귀한 목사님입니다. 오직 하나님 한 분만 높이기 위해, 사람의 노력과 애씀은 뒤로 감추는 김 목사님의 '하나님 사랑'이 책의 갈피마다 녹아져 있습니다.

이 책은 '성화의 표상'과도 같은 야곱의 인생을 통해, 부족한 인생이 어떻게 하나님께서 원하시는 모습의 수준으로 성장하는지 그 과정을 생생하게 보여 줍니다. 야곱의 출생부터 그가 만나고 마주하게 되는 주변 인물과 환경을 다양한 각도로 흥미롭게 구성하여, 첫 페이지를 열면 마지막

페이지를 닫을 때까지 거룩한 긴장을 놓을 수 없습니다. 더구나 각 장 말미에서 독자들에게 던지는 질문은 성경을 지식이 아니라 삶으로 체화할 수 있도록 배려합니다. 책을 읽는 이들은 성경의 익숙한 스토리가 이처럼 신선하고 역동적이면서도 섬세하게 그려짐에 놀랄 것입니다.

인생의 마지막을 아름답게 장식한 야곱처럼(히 11:21) 믿음의 길을 피니싱 웰(finishing well) 하고자 하는 분, 사모하는 주님을 얼굴과 얼굴로 대면하는 날이 '인생 최고의 순간'이 되기를 소망하는 모든 그리스도인에게 일독을 추천합니다.

오정현 사랑의교회 담임목사

우리가 경쟁심 많고 비열한 야곱을 미워할 수 없는 이유는 그에게서 우리 자신을 발견하기 때문입니다. 세계적인 경제학자 토드 부크홀츠(Todd G. Buchholz)는, 인류가 이토록 성장하고 발전할 수 있었던 것은 치열한 '경쟁' 덕분이고, 우리는 경쟁을 싫어하는 것 같으나 실상 경쟁을 즐기고 사랑(Love the Rat Race)한다고 말합니다.

김근영 목사님은 경쟁에 이기기 위해 수단과 방법을 가리지 않는 집요한 야곱의 모습이 곧 치열한 경쟁의 틈바구니에서 살아가는 우리의 자화상임을 잘 보여 줍니다. 또한 그런 야곱을 포기하지 않고 추적해 오시는 하나님의 끈질긴 사랑이 곧 우리를 향한 사랑임을 섬세하게 보여 줍니다.

야곱처럼 늘 기도의 씨름으로 분투의 삶을 살아가는 김근영 목사님의 글은, 그에게 풍겨지는 이미지 그대로 따뜻하지만 강력한 카리스마로 우리 마음에 부딪칠 것입니다. 삶에 지친 모든 분들에게 이 책을 추천합니다.

이인호 더사랑의교회 담임목사

저자는 섬기고 있는 교회와 성도들을 위해 최선을 다하는 사역자입니다. 이런 분들에게 나타나는 특징이 있다면 설교가 추상적이지 않고 실제적이며 구체적이라는 것입니다. 저자가 보내 준 원고를 읽으면서 비슷한 생각을 했습니다. 성도들을 사랑하여 정성으로 말씀을 전하는 저자의 애씀이 느껴졌습니다. 이 책은 우리가 겪고 있는 혼란과 아픔의 원인이 어디에 있는지 그리고 그 대안이 무엇인지를 고민하게 만듭니다. 이 책을 통해 하나님의 영감을 많이 얻기 바라면서 기쁘게 추천합니다.

이찬수 분당우리교회 담임목사

성경에서 가장 사랑받는 인물 중 한 사람이 야곱입니다. 그 이유를 물어보면 모두 '나 같아서'라고 말합니다. 야곱의 나 같음을 이렇게 집요하게 살피고 드러내는 책은 만나기 힘듭니다. 야곱 속에서 나를 찾으려는 저자의 노력이 마치 또 다른 야곱을 보는 것 같습니다.

야곱은 열정의 사람입니다. 저자도 열정의 사람입니다. 저자는 그 열정으로 성공을 추적했던 야곱의 뒤를 더 열심히 추적해 오신 하나님의 열심을 찾아내고 소개합니다. 누구에게나 숨어 있는 야곱 DNA는 변함없이 우리 속에서 성공과 욕망을 부추기며 자극하고 있지만, 이런 우리를 포기하지 않고 끝까지 추적해 오셔서 사랑으로 변화시키고야 마는 하나님의 포기할 줄 모르는 사랑을 이 책에서 만나게 됩니다.

저자는 야곱의 모든 인생을 수동태로 묘사합니다. 누구보다 능동적이었던 야곱의 인생도 결국 하나님의 손안에 놓인 수동태 인생이었던 것입니다. 오늘도 야곱이 될 수밖에 없어 야곱처럼 살아가는 많은 독자들에게 이만큼 위로가 되고 가슴을 뛰게 하는 책은 없을 것입니다.

제가 만나고 교제한 김근영 목사님은 탁월한 설교자 이전에 목회자입니다. 그의 대화 속에는 항상 성도와 성도의 삶이 들어 있습니다. 성도의 삶을 고민하는 목회자의 설교는 자연스럽게 탁월해지게 됩니다. 하나님의 뜻과 인간의 삶이 그의 설교를 통해 만나게 될 때 인간의 비루한 삶은 하나님의 광휘(光輝)에 휩싸이게 됩니다. 이 책은 인간 야곱의 이야기로 가득 차 있지만, 결국 책을 덮을 때는 오롯이 하나님만 남게 됩니다. 오늘도 힘겹게 야곱의 삶을 살아가는 모든 분들에게 강력히 추천합니다.

최병락 강남중앙침례교회 담임목사

멈추지 않는 사랑, 그치지 않는 은혜

이 그림은 19세기 말 영국에서 활동했던 조지 프레데릭 왓
스(George Frederic Watts)의 작품입니다. 전(前) 미국 대통령 버
락 오바마(Barack Obama)가 대통령이 되기 전, 이 그림에 감

동 받고 대권에 도전할 마음을 굳히게 되어 유명해졌다고 합니다. 한 여인이 지구같이 생긴 둥근 공 위에 앉아 고개를 숙인 채 하프를 연주하고 있습니다. 그런데 하프를 연주하는 여인의 눈은 가려져 있어 볼 수가 없고, 하프는 쇠사슬에 묶여 있어 움직일 수가 없습니다. 뿐만 아니라 총 47개의 줄이 있어야 할 하프는 한 가닥의 줄만 남겨진 상황이고, 지구 위에 고독히 앉은 여인은 더 이상 버틸 힘이 없어 보입니다. 절망의 상황인 것 같습니다.

그런데 역설적이게도 이 그림의 제목은 〈희망〉(Hope)입니다. '절망'이 더 잘 어울릴 것 같은데 '희망'이라고 합니다. 아직 한 가닥의 줄이 남아 있기 때문입니다. 모르긴 해도 작가는 '없는 것'이 아닌 '남아 있는 것'에 초점을 두고 '희망'이라고 한 것 같습니다. 그렇다면 정말 한 가닥으로도 연주가 가능할까요? 가능합니다. 유명한 클래식 곡 중에 바흐(J. S. Bach)의 〈G선상의 아리아〉가 있습니다. 이 작품의 이름이

〈G선상의 아리아〉인 이유는, 바이올린의 네 개의 현 중에서 가장 낮은 G선 하나만으로 연주하는 곡이기 때문입니다. 감상해 봤다면 알겠지만, 하나의 현으로만 연주해도 얼마나 아름다운지 모릅니다.

광야 같은 인생을 살다 보면 마치 한 가닥의 줄만 남겨진 것 같은 절체절명의 순간을 만날 때가 있습니다. 주변엔 아무도 없고 혼자만 남겨진 것 같은 극심한 외로움을 겪을 때도 있습니다. 그러나 그리스도인은 그 한 가닥을 가지고도 아름다운 삶을 연주해 갈 수 있습니다. 왜냐하면 하나님이 우리 인생의 마지막 한 가닥이 되어 주시기 때문입니다. 이 지구 위에서 마지막 순간까지 내 편이 되어 주시는 분이 있다는 사실이 감격스럽지 않습니까? 야곱의 발자취를 따라가다 받게 되는 감동이 바로 이것입니다. 인생의 마지막 순간까지 내 편이 되어 주시는 하나님의 은혜 말입니다.

그런데 이런 은혜를 받은 야곱이 누구입니까? 형제간에

싸우고 '불화한 야곱', 속기도 잘하지만 속이기도 잘하는 '교활한 야곱', 경쟁에 이기기 위해서라면 수단과 방법을 가리지 않는 '집요한 야곱'이었습니다. 그런데 하나님은 마치 이 지구상에 야곱밖에 사랑할 사람이 없는 것처럼 야곱을 추적해서 '멈추지 않는 사랑, 그치지 않는 은혜'를 부어 주셨습니다. 잊지 마십시오. 하나님의 은혜는 사람을 가리지 않습니다. 하나님은 언제나 은혜 베풀기를 좋아하십니다. 바로 그 은혜가 '야곱스러움'을 소유하고 있는 우리를 기다리고 있습니다. 그러니 두려워하지 말고 하나님 앞으로 나아오십시오. 하나님께서는 야곱스러운 우리를 위해서도 특별한 은혜, 넘치는 은혜를 준비하고 계십니다.

이 책은 우리를 향하신 하나님의 사랑과 은혜는 결코 멈추는 법이 없음을 야곱의 삶을 통해 발견하게 합니다. 그렇습니다. 하나님의 사랑과 은혜는 여전히 'ing', 진행형입니다. 그렇기에 삶이 아무리 고단하고 힘겨울지라도 절망할 필요가 전혀 없습니다. 하나님의 '멈추지 않는 사랑, 그치지 않는 은혜'가 끝까지 우리 인생의 한 가닥이 되어 주실 것이기 때문입니다. 이 책을 통해 나의 야곱스러움은 포기하되 나를 결코 포기하지 않으시는 하나님의 사랑과 은혜에 사로잡히게 되기를 소망합니다.

각 장이 마무리되는 곳마다 함께 고민하고 나눌 수 있는 질문들을 넣었습니다. 이 책을 읽으며 받은 은혜와 도전을 몇 가지 질문과 함께 소중한 길벗들과 나눌 수 있다면 더 큰 유익이 될 것입니다. 그동안 부족한 사람의 책을 위해 애써 주신 두란노서원의 수고와 정성에 깊은 감사를 드립니다. 또한 과분한 추천사를 써 주신 김지찬 교수님, 류응렬 목사님, 오정현 목사님, 이인호 목사님, 이찬수 목사님, 최병락 목사님께 다함없는 감사를 드립니다. 특별히 저에게 책을 쓰라는 격려와 함께 언제나 든든한 기댈 언덕이 되어 주시는 이의수 목사님께도 고마움을 표합니다. 정말 고맙습니다. 마지막으로 매주 부족한 사람의 설교를 들어 주시는 존귀한 우리 수원제일교회 모든 성도님들께 뜨거운 사랑과 감사를 전합니다.

주후 2023년 5월

김근영 목사

1

내 계획대로
될 줄 알았다

1

발목을 잡고서라도
이겨야 했다

창세기 25:19-26

에티엔 델란, 〈야곱과 에서를 낳은 리브가〉

◊

　　　　　얼마 전 서점에서 《생각이 너무 많은 서른 살에게》(메이븐)라는 책을 집어 들었습니다. 한 젊은 자매의 치열한 삶의 분투 과정이 너무 예쁘게 느껴져 미소를 지으며 읽었습니다. '김은주'라는 자매인데, 현재는 '구글 수석 디자이너'라는 상당한 위치에 올라와 있지만 그간 수많은 어려움과 고비가 있었다고 합니다. 그 여러 우여곡절 중에 저의 시선을 사로잡은 에피소드 하나가 있었습니다.

　김은주 자매는 '우물 안 개구리가 되지 말자'라는 강박감에 스물일곱 살에 잘 다니던 회사를 그만두고 미국으로 향했습니다. 하지만 영어 한마디 제대로 못하는 상태로 시작한 미국 생활은 너무나도 매섭고 차가웠습니다. 매일 10시간 이상을 초긴장 상태로 지내다가 집에 오면 녹초가 되는 날이 비일비재했습니다. 그러다 보니 삶의 반경은 한국에 있을 때보다 더 좁아졌습니다. 그때 자매는 우물 안의 개구리가 문제가 아니라, 우물 안에서 불행하게 사는 개구리가 문제였다는 것을 깨달았다고 합니다.

아무튼 여러 고비를 넘겨 2018년에 천재들이 모여 있다는 세계 최고 기업인 '구글'(Google)에 입사하게 되었습니다. 그런데 천재들이 모여 있는 회사에서 그들과 함께 일하다 보니 이런 두려움이 늘 밀려왔다고 합니다. '내 실력은 어림도 없어! 나는 이 회사에서 망신당하고 쫓겨날 거야!' 이런 공포 때문에 거의 매일을 불면증에 시달렸다고 합니다.

그렇게 버티고 버텨 2020년이 되었습니다. 특별히 2020년 구글 하반기 평가가 시작될 즈음, 김은주 자매가 회사 전체 메일로 글을 하나 보냈습니다. 이런 취지의 글이었습니다.

> 업무 능력이나 평가가 '나'라는 사람의 존재 가치를 대변하는 것은 아니다. 우리 모두가 특별하고 소중한 존재라는 사실을 잊지 말자.

이런 내용을 본인의 우물 안 개구리 경험담과 함께 공유한 것입니다. 그런데 이게 웬일입니까? 김은주 자매가 보낸 이메일을 읽고 회사 동료들이 열화와 같은 반응을 보였습니다. '실은 나도 개구리예요.' '저도요!' '저도 그래요!' 하며 소위 '개구리 커밍아웃'을 한 것입니다. 그때 김은주 자매는, 자신만 아등바등 사는 게 아니라는 사실을 알게 되었습니다. 다들 똑똑하고 잘나 보이는 그들이었지만, 실은 그들 역시도 숨죽인 채 상처 받으며 싸우고 있는 중이었음을 알게 된 것입니다. 이렇게 서로의 상황을 알게 되자 그것이 김은주 자매뿐 아니라 모든 동료들에게 큰 위로가 되었다고 합니다.

정신 분석 용어 중에 '일반화(Universality) 요소'라는 개념이 있습니다. '알고 보니 저 사람, 나와 닮았네? 이런 문제가 나에게만 있는 것이 아니네? 저 사람도 나랑 똑같네?'라는 생각을 하게 될 때 자신도 모르게 서서히 내면의 문제가 치료된다는 개념입니다. 마치 김은주 자매와 구글의 동료들이 서로의 처지를 공유하면서 위로를 받고 치유가 되었듯이 말입니다.

이제 우리는 '야곱'이라는 한 인물의 인생 발자취를 따라가면서 위로를 받고 용기를 얻게 될 것입니다. 왜냐하면 야곱의 삶이 우리의 삶과 너무나도 비슷하기 때문입니다. 그래서 어쩌면 우리도 이렇게 생각할지 모르겠습니다. '야곱, 이 사람, 나랑 너무 닮았네? 이런 문제가 나한테만 있는 게 아니었네? 이 사람도 나랑 똑같네?'

형제간에 싸우는 불화한 야곱, 속기도 잘하지만 속이기도 잘하는 교활한 야곱, 경쟁에 이기기 위해서라면 수단과 방법을 가리지 않는 집요한 야곱, 경쟁에서 이겨도 만족할 줄 모르는 야곱의 모습들을 보면서 솔직히 저의 부끄러운 속살들이 하나씩 드러나는 것 같아 화들짝 놀랐습니다. 그동안 저는 제 안에 있던 이런 '야곱스러움'들을 사람들에게 들키지 않기 위해 꼭꼭 숨겨 두었기 때문입니다. 그런데 야곱의 발자취를 따라가다 보니, 실은 야곱의 이름이 저의 이름이었고, 야곱의 지극히 인간적인 모습이 실은 저의 자화상이었음을 발견하게 되었습니다.

그러나 감사한 것은, 야곱의 발자취를 따라가다가 야곱을 절대 포기하지 않으시는 '집념의 하나님'을 만나게 되었습니다. 야곱을 이스라엘로 변화시키기 위해 끊임없이 그를 추적해 오시는 '하나님의 지독한 사랑'을 만나게 되었습니다. 바로 거기서, 야곱 같은 제 인생에 희망을 보게 되었습니다. 제 삶에 대해 더욱 기대를 하게 되었습니다.

'아, 나를 향한 하나님의 사랑은 결코 나를 포기하지 않으시는 사랑이구나!'

'부끄러운 나의 야곱스러움들은 나를 회복시키기 위해 끊임없이 추적해 오시는 하나님의 사랑을 통해서만 변화될 수 있는 것이구나!'

바로 이 사실을 통해 제 삶과 목회에 대해 더욱 기대감을 가지게 되었습니다. 앞으로 이어질 야곱의 이야기를 통해 우리는 우리 안에 있는 부끄러운 야곱스러움들이 하나님의 사랑으로 변화되는 것을 경험하게 될 것입니다. 동시에 우리가 어디에 있든지 끊임없이 찾아와 회복시키기를 원하시는 '하나님의 치유의 손길'을 체험하게 될 것입니다.

은혜를 향한 절박한 마음을 소유하라

야곱의 이야기는 아버지 이삭과 어머니 리브가의 결혼 이야기로 시작합니다. 이삭은 마흔 살에 리브가와 결혼했습니다. 그런데 결혼한 지 20년이 지나도록 두 사람 사이에는 자녀가 없었습니다. 그러니 자손이 귀한 아브라함 가문에는 큰일이 아닐 수 없습니다. 아이를 낳을 수 있다면 무슨 좋은 약초라도 먹어 보고, 어떤 방법이든 다 동원해야 할 것 같은 분위기입니다.

그런데 이삭과 리브가는 20년이 지나도록 별다른 방안을 구하지 않은 것 같습니다. 아마도 이삭이 아버지 아브라함과 어머니 사라의 삶을 알았기 때문이었던 것으로 보입니다. 아버지 아브라함도 하나님으로부터 75세에 자녀에 대한 약속을 받고, 그 약속을 받은 지 무려 25년 후에 이삭 본인이 출생했기 때문입니다. 이렇게 본인의 출생 비밀을 알고 있었기에, '나도 아버지처럼 기다리다 보면 자녀가 생기겠지'라고 생각했는지 모르겠습니다.

그런데 결혼 후 20년이라는 세월이 흐르면서 이삭도 뭔가 문제가 있다고 생각되었는지 아내의 임신을 위해 간절히 기도했습니다. 성경은 그간에 있었던 모든 일을 생략하고 20년의 세월을 불과 몇 줄로 압축해 놓았습니다. 그렇다면 그 생략된 시간의 갈피에 이삭과 리브가는 어떤 감정들을 가지고 살았을까요? 아이가 없는 허전함과 슬픔의 감정, '혹 후대가 생기지 않으면 어떡하지' 하는 걱정과 두려움의 감정, 그러나 아버지 아브라함에게도 주셨듯이 자신들에게도 주실 것이라는 희망과 같은 감정들이 뒤섞여 있지 않았을까요? 그런데 20년간 겪어 온 그 모든 아픔과 회한의 감정들이 기도 응답으로 모두 씻겨 나갔습니다. 성경은 하나님이 이삭의 기도에 응답해 주셨다고 말씀합니다. 결혼한 지 20년이 지나 이삭의 나이 60세에 리브가가 임신을 한 것입니다.

"이삭이 그의 아내가 임신하지 못하므로 그를 위하여 여호와께 간구하매 여호와께서 그의 간구를 들으셨으므로 그의 아내 리브가가 임신하였더니"(창 25:21).

그런데 '이삭이 여호와께 간구하매 여호와께서 그의 간구를 들으셨다'는 이 대목에서 질문하지 않을 수 없게 됩니다. '아니, 그럼 이삭은 결혼 후에 자녀를 놓고 기도하지 않았다는 말인가?' 물론 정확한 것은 알 수 없으나, 그럼에도 불구하고 성경이 '이삭이 아내의 임신을 위해 간구하매 하나님께서 그의 간구를 들으셨다'라는 내용을 명확히 기록하고 있는 것으로 보아, 아마도 이삭은 자신의 문제를 가지고 그렇게 열심히 기도하지는 않았던 것으로 보입니다. 기도를 했더라도 절박함이 배어 있는 애끓는(간절한) 기도는 하지 않았던 것 같습니다.

제가 이런 묵상을 하게 된 것은 이삭의 신앙 이력 때문에 그렇습니다. 그는 흔히 말하는 '모태 신앙'입니다. 믿음의 조상이라 불리는 아버지 아브라함과 여러 민족의 어머니라 불리는 사라의 품에서 자라난, 소위 '엘리트 신앙인'입니다. 우리가 잘 아는 것처럼, 모리아 산 제단 위에 꽁꽁 묶여 제물이 되는 상황임에도 불구하고 이삭은 전혀 반항하지 않고 아버지 아브라함의 말씀 앞에 순종했던, 그야말로 '순종의 대명사요, 반듯한 신앙인'입니다. 요즘 식으로 표현한다면 '풋풋한 교회 오빠 이미지'가 풍기는 인물이 아닐 수 없습니다.

그런데 하나님이 이삭을 보셨을 때는 아쉬운 점이 있었던 것 같습니다. '엘리트 신앙인, 반듯한 신앙인, 풋풋한 교회 오빠 이미지' 다 좋은데, 하나님의 은혜를 향한 절박함(간절함)이 없는 것입니다. 가정도 믿음의 가문이고, 아버지가 부자라 물질적으로도 전혀 어려움이 없었습니다. 정말이지 아쉬운 것이라곤 하나 없는 유복한 환경에서 자라다 보니 세련되고 반듯한 신앙인의 모습은 있었지만, 삶의 문제를 놓고 하나님 앞에 나아와 애끓는 마음으로 부르짖고 구하는 영적인 전투력은 없었던 것 같습니다. 그래서였을까요? 어쩌면 하나님은 당신의 은혜를 향한 절박하고도 간절한 마음을 이삭에게 가르쳐 주고 싶어 무려 20년이라는 불임의 시간을 허용하셨던 것은 아니었나 생각해 보게 됩니다.

사실 저도 모태 신앙인입니다. 물론 모태 신앙인이 다 그런 것은 아니지만, 비단 저의 청년 시절만 돌아보더라도 신앙의 뜨거움이나 어떤 절박함 같은 것은 없었던 것 같습니다. 매주 교회에 빠지지 않고 나가 나름 봉사도 하고 있었으니 사람들로부터 '성실하다'는 말, '교회 오빠'라는 말을 듣고는 있었으나, 신앙의 뜨거움과 절박함은 없었던 것 같습니다. 물론 모태 신앙인이 가지고 있는 꾸준함과 성실함은 너무나도 소중한 신앙적 자산이 아닐 수 없습니다. 그럼에도 불구하고 신앙의 뜨거움이나 간절함이 없이 늘 거기서 거기인 신앙생활을 하다 보니 심지어 기도의 필요성마저 느끼지 못하는 상황까지 가게 되었습니다. 굳이 내가 하지 않아도 어머니가 알아서 기도해 주시고, 청년부 회장 안 하겠다고 의견을 제시해도 회원들이 알아서 회장으로 추천해 주니 저의 신앙이 썩 괜찮은 줄 착각하면서 늘 사람들 앞에서는 멋진 척, 고상한 척만 했습니다. 주님과의 인격적 만남도 없이 말입니다. 부끄럽지만 바로 이 모습이 모태 신앙인인 저의 청년기 모습이었습니다.

그러던 스물일곱 살 가을 어느 날, 주님을 인격적으로 만나게 되었습니다. 주님을 만난 이후로 냉랭했던 저의 가슴이 뜨거워졌습니다. 부르짖음을 몰랐던 제가 주님을 향해 부르짖기 시작했습니다. "주님이 아니면 제 인생은 아무것도 아닙니다. 주님이 붙잡아 주시지 않으면 저는 소망이 없습니다." 그때 주님은 저에게 주님의 은혜를 향한 절박함과 간절함을 가르쳐 주셨습니다. 저를 살게 하는 것은 은혜의 힘이라는 것을 알게 하시며 일평생 그 은혜를 구해야 한다는 것을, 구하되 절박하고도 간절하게 구해야 한다는 것을 깨닫게 하셨습니다.

어디 이것이 신앙에만 적용되겠습니까? 세상 사람들도 어떤 일을 할 때 절박하고도 간절한 마음으로 하는 사람과 대충 하는 사람의 열매는 천지 차이가 날 것입니다. 매년 후배 목사님들이 담임목사 지원을 위해 저에게 추천서를 부탁하려고 찾아옵니다. 그때마다 제가 후배 목사님들에게 묻는 것이 하나 있습니다. 담임목사로 나가기 위해 지금 절박한 심정으로 기도하고 있느냐는 것입니다. 만약 "그냥 시험 삼아 한번 내 보려고요"라고 말하면 저는 뜯어 말립니다. 절박한 심정 없이 그저 경험 삼아 제출한다면 시험만 들기 때문입니다. 그리고 나서 지금이라도 절박한 마음으로 사모와 함께 기도하라고 권면해 줍니다. 그것을 깨닫고 다시 찾아오면, 그때는 정성을 다해 추천서를 써 줍니다. 그런 과정을 겪고 추천서를 받아 간 후배 목사님들이 담임목사로 잘 청빙되어서 열심히 목회하는 것을 볼 때 얼마나 감사한지 모릅니다.

요즘 당신의 신앙의 모습은 어떻습니까? 누가 보더라도 반듯한 신앙인이긴 한데, 혹 하나님의 은혜를 향한 절박하고도 간절한 마음을 잃어버리지는 않았습니까? 기억하십시오. '야곱'은 아버지 이삭의 절박하고도 간절한 기도가 터져 나오게 되자 받게 된 응답의 선물이었습니다. '반듯한 신앙인, 풋풋한 신앙인'의 모습도 간직해야 하지만, 우리는 하나님의 은혜를 향한 절박하고도 간절한 마음이 식지 않는 기도의 용사가 되어야 합니다. 그 절박하고도 간절한 기도를 통해 이삭처럼 선명한 응답을 받게 될 것을 기대하십시오.

하나님의 선택은 감사와 사명으로 연결된다

이삭이 아내의 임신을 위해 간절히 중보 기도하자, 하나님께서는 그 간절함을 받고 마치 기다렸다는 듯이 응답해 주셨습니다. 이때 결혼 20년 만에 자기 태 속에 아기가 들어섰음을 느낀 리브가는 얼마나 기뻤을까요? 출산의 경험이 있는 여성이라면 자신의 몸에 최초의 태동이 느껴졌을 때의 그 감동을 잊지 못할 것입니다. 물론 남성들도 아내의 배에 귀를 대고 첫 태동을 느꼈을 때의 감동을 기억할 것입니다. 모르긴 해도 태동을 느낀 아빠는 환한 미소로 아내의 배를 바라보며 태아에게 이렇게 말했을 것입니다. "야, 이 녀석아! 살살 차라. 엄마 아프다." 그러나 아빠는 내심 태아가 더 힘차게 차 주기를 원합니다.

그런데 리브가의 배 속이 이상합니다. 태 속의 아이가 지나치게 움직이면서 배를 차는 것입니다. 그도 그럴 것이, 아들 쌍둥이를 잉태했기 때문입니다. 우리가 알고 있듯이, 에서와 야곱입니다. 그런데 이 녀석들의 발길질이 예사롭지 않습니다. 산모가 고통스러울 정도입니다. 성경은 그 이유에 대해 "그 아들들이 그의 태 속에서 서로 싸우는지라"(창 25:22a)라고 밝혀 주고 있습니다.

그렇습니다. 쌍둥이들이 태 속에서 서로 싸우다 보니 리브가는 고통이 너무 심해 도무지 견딜 수가 없었습니다. 그래서 하나님께 탄원의 기도를 드렸습니다. "이럴 경우에는 내가 어찌할꼬"(창 25:22b) 하면서 말입니다. 그러자 기도를 받으신 하나님께서 리브가에게 이런 말씀을 전해 주셨습니다.

"여호와께서 그에게 이르시되 두 국민이 네 태중에 있구나 두 민족이 네 복중에서부터 나누이리라 이 족속이 저 족속보다 강하겠고 큰 자가 어린 자를 섬기리라 하셨더라"(창 25:23).

하나님의 응답에는 리브가를 깜짝 놀라게 할 만한 세 가지

정보가 담겨 있었습니다. 첫째는, 그녀의 배 속에 두 나라가 잉태되어 있다는 것입니다. 둘째는, 쌍둥이 아이들을 통해 두 개의 족속이 탄생된다는 것입니다. 셋째는, 형이 동생을 섬기게 된다는 것입니다.

우리는 리브가에게 하신 하나님의 이 말씀에서 신학적으로 '하나님의 선택 교리'를 보게 됩니다. 그런데 '하나님의 선택 교리'는 솔직히 우리의 이성으로는 이해하기 어려울 뿐더러 여간 불편한 교리가 아닐 수 없습니다. 그도 그럴 것이, 인간이 태어나기 전부터 그의 미래가 예정되고 선택되었다고 하니 불편할 수밖에 없습니다. 에서와 야곱만 보더라도, 하나님께서는 이들이 자라 가면서 행한 일들을 보고 그렇게 결정하신 것이 아니라 태중에 있을 때부터 그렇게 선택하셨습니다. 그렇다 보니 심적으로나 상식적으로 받아들이기가 쉽지 않습니다. 특별히 요즘처럼 '공정'이 화두인 시대를 살고 있는 현대인들의 시선에서 보면 더더욱 그렇습니다. 그렇기에 야곱의 특혜는 마치 '기울어진 운동장'으로밖에 보이지 않습니다. 정말 불공정해 보입니다.

그럼에도 불구하고 '하나님의 선택 교리'는 기독교의 핵심 가르침임에 틀림이 없습니다. 그래서 유명한 복음주의 신학자인 레슬리 뉴비긴(Lesslie Newbigin)은 '기독교의 선택 교리'

에 대해 이런 말을 했습니다.

> 기독교의 가르침 가운데 선택 교리만큼 심한 조롱과 분노의 대
> 상이 되었던 것은 없을 것이다. 전능하고 사랑이 많으신 하나님
> 이 특정한 한 사람이나 한 부족을 선택해서 특별한 사랑과 관심
> 을 두신다는 것은 이해하기 어려울 뿐더러 무식한 이기주의로
> 비춰진다. 그럼에도 선택 교리는 성경의 핵심 가르침임에는 틀
> 림이 없다.

그렇다면 '하나님의 선택'을 어떻게 이해해야 할까요? 사
실 이것은 하나님의 절대 주권에 속한 영역이기에 이해가
불가능합니다. 그렇기에 하나님이 누구를 사랑하고 누구
를 미워했다고 해서 우리가 하나님을 향해 불의하다고 말
할 수도 없습니다. 이에 대해서는 사도 바울이 명확히 밝혔
습니다. "그뿐 아니라 또한 리브가가 우리 조상 이삭 한 사
람으로 말미암아 임신하였는데 그 자식들이 아직 나지도 아
니하고 무슨 선이나 악을 행하지 아니한 때에 택하심을 따
라 되는 하나님의 뜻이 행위로 말미암지 않고 오직 부르시
는 이로 말미암아 서게 하려 하사 리브가에게 이르시되 큰
자가 어린 자를 섬기리라 하셨나니 기록된바 내가 야곱은

사랑하고 에서는 미워하였다 하심과 같으니라 그런즉 우리가 무슨 말을 하리요 하나님께 불의가 있느냐 그럴 수 없느니라"(롬 9:10-14).

바울이 전하고자 하는 핵심이 무엇입니까? '선택'은 오직 부르신 분, 곧 선택하신 분의 절대 주권에 있다는 것입니다. 그렇기에 우리 인간이 이해할 수 없다고 해서 하나님을 향해 불의(불공정)하다고 말할 수 없다는 것입니다. 이런 차원에서 볼 때, 하나님의 선택 교리를 받아들이기 위해서는 값없이 주어지는 하나님의 은혜를 체험해야만 합니다. 값없이 주어지는 하나님의 은혜를 체험해야만 이해를 뛰어넘어 감사함으로 받아들이게 됩니다.

놀라운 것은, 하나님의 은혜를 체험한 사람들은 이구동성으로 하나님이 자신을 선택해 주셨다는 사실에 감사의 고백을 드린다는 사실입니다. 왜냐하면 우리 존재의 원래 위치는 본질상 진노의 자녀요, 그로 인해 죽음을 향해 질주하던 인생이었기 때문입니다. 우리는 우리 자신을 잘 알지 않습니까? 우리 속에는 하나님의 사랑을 받을 만한 그 어떤 조건이나 자격도 없습니다. 그런 우리를 하나님이 당신의 자녀로 선택하셨다니, 그저 그 은혜에 전율할 수밖에 없습니다.

그렇기에 하나님의 선택 교리는 반드시 '감사와 찬양'으로 연결될 수밖에 없습니다. "나 같은 죄인 살리신(선택하신) 주 은혜 놀라워"(새찬송가 305장)라는 감사 찬양이 터져 나오지 않을 수가 없습니다. 동시에 하나님의 선택 교리는 반드시 '사명 감당'으로 연결된다는 사실이 중요합니다. 하나님으로부터 선택을 받았다는 것은 선택받은 우리가 하나님의 영광을 위해 살아야 한다는 것을 의미하기 때문이요, 동시에 선택받은 삶을 통해 하나님의 사랑과 그분의 성품이 보여야 한다는 것을 의미하기 때문입니다.

우리의 선택받음이 사명 감당과 연결되어 있다는 것은 야곱의 이름을 통해서도 드러나고 있습니다(창 25:26a). 야곱의 이름은 '발꿈치를 잡았다'는 뜻입니다. 히브리어로는 '아케브'라고 합니다. 그런데 '아케브'라는 단어에는 '발꿈치'라는 뜻 외에도 '속이다' 또는 '걸려 넘어지게 하다'라는 뜻이 있습니다. 그 이름 때문이었을까요? 한동안 야곱은 사람을 속이고 걸려 넘어지게 하는, 소위 발목 잡는 인생을 살아갑니다.

그러나 선택받은 야곱이 계속해서 그런 비열한 삶을 살 수는 없었습니다. 그는 선택받았기에 변화되어야만 했습니다. 그래서 하나님은 얍복 나루에 있던 야곱을 찾아가 주셨고, 거기서 그의 이름을 '하나님이 다스리는 사람, 하나님의 왕

자'라는 뜻의 '이스라엘'로 바꾸어 주셨습니다. 목적이 무엇입니까? 이제는 남의 발목을 잡고 넘어뜨리는 인생에서 벗어나 세상을 축복하는 축복의 통로로서의 사명을 감당하라는 것입니다. 결국 야곱은 변화되어 훗날 이스라엘 열두 지파의 조상이 되고 이스라엘 민족의 축복의 통로로서의 사명을 감당하게 됩니다.

바로 이것이 성도의 사명이 되어야 합니다. 남의 발목 잡는 인생이 아닌, 사람을 세우고 세상을 축복하는 사명을 감당해야 합니다. 야곱의 이야기는 '나'의 이야기입니다. 그러므로 우리는 남의 발목 잡던 야곱을 선택하고 그를 변화시키신 하나님께서 우리의 인생 또한 붙잡아 주신다는 사실을 믿어야 합니다. 왜냐하면 우리 또한 택함 받은 존재이기 때문입니다(요 15:16a).

택함 받은 은혜 앞에 늘 감사 찬송하며 주어진 축복의 사명을 온전히 감당해 가십시오. 그렇게 될 때 야곱의 인생길 내내 추적해 오신 하나님의 사랑이 우리의 삶 가운데도 함께하실 것을 믿게 될 것입니다.

질문과 나눔

1. 하나님의 사랑을 통해서만 변화될 수 있는 당신의 야곱스러운 모습은 무엇입니까?

2. 하나님의 은혜를 향해 절박하고도 간절한 마음으로 기도한 적이 있다면 언제입니까? 그 기도에 하나님은 어떻게 응답하셨습니까?

3. 죄로 인해 죽을 수밖에 없는 우리를 선택하여 새로운 생명을 허락하신 하나님께 당신은 어떤 감사를 드리고 있습니까?

◇

하나님의 사랑의 추적이
속이는 인생을 살아온 야곱을
축복의 통로가 되게 하십니다.

2

내 삶의 목표는
오직 복 받는 것이었다

창세기 25:27-34

마티아스 스토머, 〈에서와 야곱〉(1640년, 에르미타주 미술관)

◇

　　　　에서와 야곱은 쌍둥이 형제입니다. 이 형제
들은 어머니의 태중에 있을 때부터 싸움질을 해 댔습니다.
쌍둥이 부모는 이들이 태어나는 모습을 보고 이름을 지어
주었습니다. 먼저 나온 아이는 살결이 붉은데다가 온몸이
털투성이여서 '거칠다'는 뜻의 '에서'라고 지어 주었고, 나중
에 나온 아이는 형의 발꿈치를 잡고 나와서 '발꿈치'라는 뜻
의 '야곱'이라고 지어 주었습니다. 두 아이는 한 배에서 태어
난 쌍둥이 형제였음에도 외모가 다른 것은 말할 것도 없고,
그 기질이나 성장 과정도 영 딴판이었습니다.

　이들 형제가 장성한 모습을 보니, 에서는 사냥에 능숙한
'들사람'이 되었다고 합니다. 이것은 에서의 기질이 그만큼
호탕하고 성격상 배배 꼬인 데가 없는, 한마디로 호연지기가
있는 사람이었다는 것입니다. 반면에 야곱은 성격이나 기질
이 좀 조용한 편이어서 들판보다는 주로 '장막에 거주하는

사람'이었다고 합니다(창 25:27). 문제는 이런 두 아들을 부모가 편애하고 있었다는 것입니다(창 25:28).

모르긴 해도 이삭과 리브가는 결혼 이후 행복한 부부 생활을 했을 것입니다. 이삭의 입장에서는 어머니 사라의 죽음 이후 리브가를 통해 따뜻한 위로를 받을 수 있어 행복했을 것이고, 리브가의 입장에서는 좋은 가문에 시집을 왔으니, 또 순한 남편을 만났으니 행복했을 것입니다. 물론 시집 왔는데 시어머니가 안 계시니 한결 가벼울 수도 있었을 것입니다. 아무튼 부부 사이에 전혀 문제가 없어 보입니다.

그런데 결혼 후 20년이 지나도록 아이가 생기지 않으니 가문의 대가 끊어질 문제가 생겼습니다. 그러나 감사하게도 기도의 응답으로 하나님께서 자녀를 주셨습니다. 그것도 한번에 쌍둥이를 낳게 하셨습니다. 이제 이들 가정에는 아무런 문제도 없어 보입니다.

그런데 문제가 또 생겼습니다. 우리는 여기서 문제없는 가정은 없다는 사실을 다시금 확인하게 됩니다. 솔직히 우리의 가정도 문제가 없는 것처럼 보일 뿐이지, 어느 가정이나 문제없는 가정은 없습니다. 그런데 이번에 생긴 이삭과 리브가 가정의 문제는 그 정도가 심각했습니다. 이들 부부가 아이들을 각각 편애하는 문제가 생긴 것입니다. 아버지 이삭은 에서를 편애했고, 어머니 리브가는 야곱을 편애했습니다.

이삭이 왜 에서를 편애했을까요? 정확한 것은 알 수 없으나, 창세기의 전체적 흐름으로 볼 때 이러한 이유 때문이 아니었는가 짐작됩니다. 사실 이삭 본인이 아버지 아브라함이 100세 때 얻은 귀한 자식이다 보니 이복형 이스마엘보다 부모로부터 편애를 받으며 성장해 왔습니다. 따라서 이삭에게는 자라면서 이스마엘에 대한 미안함이나 죄책감이 있었을 가능성이 높습니다. 어쩌면 이삭은 그 미안함과 죄책감을 자신의 장자인 에서를 사랑하는 것으로 해소하려 했는지도 모르겠습니다.

반면에 리브가의 야곱을 향한 편애는 이삭의 에서를 향한 편애와는 비할 바가 안 될 정도로 그 정도가 더 심각했습니다. 야곱으로 하여금 아버지 이삭의 축복을 가로채게 할 정도였으니 말입니다. 심지어 야곱을 에서로 변장시키기 위해 야곱의 몸에 털을 덕지덕지 붙이기까지 했습니다. 결국 편애의 결과로 어떤 일이 벌어졌습니까? 에서가 분노하여 동생 야곱을 죽이려 합니다. 그렇습니다. 이 편애가 형제간에 원수지간이 되도록 한 것입니다. 그러자 리브가는 야곱을 외삼촌 라반의 집으로 도망가게 합니다. 그 결과 그렇게 애

지중지하던 야곱을 무려 20년 동안이나 보지 못하는 어이없는 상황이 벌어지게 됩니다.

심지어 리브가의 이 편애는 야곱에게도 고스란히 대물림되었습니다. 야곱은 훗날 라헬을 통해 낳은 아들들인 요셉과 베냐민을 다른 아들들에 비해 극도로 편애했습니다. 결국 그 편애로 인해 야곱의 다른 아들들이 요셉을 시기하고 질투해 그를 죽이려는 지경까지 이르게 됩니다. 부모의 독이 든 사랑이 형제들 사이에 기나긴 비극을 만들어 낸 것입니다.

이런 차원에서 부모는 자신의 자녀들을 향한 마음이 어떠한지를 돌아볼 수 있어야 합니다. 혹 자녀들을 자신의 욕심과 선호에 따라, 혹 마음에 드는 일을 하는가 하지 않는가에 따라 편애하고 있지는 않은지 돌아보아야 합니다. 만약 자신의 욕심과 선호에 따라 편애하는 마음이 있다면 회개하며 기도해야 할 것입니다. 가장 먼저는 그 편애로 인해 자녀들이 받았을 상처를 주님께서 치유해 주시도록 간절히 기도해야 합니다. 동시에 자신 안에 있는 편애의 독을 빼 달라고 하나님께 간구해야 합니다. 그렇게 될 때 우리는 우리의 자녀들 각각을 향하신 하나님의 섬세한 계획과 뜻이 있음을 알게 될 것입니다. 그것을 알게 될 때 비로소 편애하지 않게 될 것입니다.

하나 더 생각해 볼 것은, 에서와 야곱, 이 형제들 사이에 벌어진 이 안타까운 상황을 볼 때, 당시 이삭과 리브가의 부부 관계가 그리 좋지만은 않았을 거라는 짐작을 하게 됩니다. 부부 관계가 좋았다면 부부가 그렇게까지 갈라서서 자녀들을 편애하지는 않았을 것입니다. 결국 행복하지 않은 부부 관계가 자녀들 사이에 갈등과 증오의 씨앗을 심어 놓은 것입니다.

자녀 교육의 최선의 길은 행복한 부부 관계에 있습니다. 왜냐하면 남편과 아내가 서로 존중하고 사랑하는 관계는 자녀들이 자신의 정체성을 세우고 타인과의 관계를 형성해 가는 법을 배우는 기초가 되기 때문입니다. 그렇게 볼 때, 부모가 자녀를 위해 해 줄 수 있는 최선의 선물은, 그 아이의 엄마와 아빠를 지극히 사랑하고 행복하게 만들어 주는 것이 아닐까 생각합니다.

적어도 그리스도인이라면 가정 안에 편애로 인한 아픔과 상처가 생기지 않도록 주의를 기울여야 할 것입니다. 특별히 행복한 부부 관계를 통해 자녀들이 영적으로나 정서적으로 또한 관계적으로 건강하게 자라도록 애쓰는 부모가 되어야 할 것입니다.

장자의 명분을 붙들고 당당히 걸으라

이제 분위기가 전환됩니다. 그러면서 창세기 기자가 진짜 우리에게 전하고 싶어 하는 내용이 등장합니다.

> "야곱이 죽을 쑤었더니 에서가 들에서 돌아와서 심히 피곤하여 야곱에게 이르되 내가 피곤하니 그 붉은 것을 내가 먹게 하라 한지라 그러므로 에서의 별명은 에돔이더라"(창 25:29-30).

야곱이 죽을 쑤었다고 합니다. 그는 왜 죽을 쑤고 있었을까요? 야곱이 요리에 대해 남다른 취미가 있어서였을까요? 아닙니다. 본문의 전체적인 맥락을 볼 때, 야곱이 죽을 쑤고 있었던 것은 어떤 목적을 이루기 위해 치밀한 계획 속에서 진행된 일임을 알 수 있습니다.

사실 야곱은 형 에서가 가지고 있는 장자권에 늘 관심을 두고 있었습니다. 고대 사회에서 장자권이라는 것은, 일단 부모의 재산을 상속받을 때 두 배의 몫을 받을 권리가 있었습니다. 특별히 이 가문은 하나님이 아브라함에게 언약하신 엄청난 축복이 있는 가문이다 보니 장자인 에서가 이어

받을 축복이 어마어마했습니다. 그런데 야곱의 입장에서 보면, 형과 자신이 한두 해 터울도 아니고 거의 동시에 나온 쌍둥이인데 그 엄청난 장자권이 형한테 간다는 것이 억울했을 것입니다. 그래서 야곱은 형에 대한 경쟁심 속에서 '어떻게 하면 저 장자권을 내게로 가져올 수 있을까'를 나름 연구하고 있었던 것 같습니다. 성경은 야곱을 '조용한 사람'이라고 했는데, 대개 조용한 사람들이 관찰력이 뛰어나고 연구하는 것을 좋아하듯, 야곱 역시 평상시 형을 계속 관찰하며 연구하고 있었던 것으로 보입니다. 그런데 형은 동생이 자기를 관찰하고 연구하고 있다는 것도 모른 채 밤낮 나돌아 다니면서 사냥감만 연구하고 있습니다.

드디어 야곱이 관찰, 연구한 결과가 나왔습니다. 형 에서는 배가 고프면 정신을 잃어버린다는 것입니다. 배가 고프면 앞뒤 안 가리고 성급하게 결정을 내리는 스타일임을 알게 되었습니다. 그래서 야곱은 나름 치밀한 계획을 세웠습니다. 심지어 형이 평상시 사냥하고 돌아오는 시간이 언제쯤인지도 다 조사해 놓았습니다. 그래서 그 시간에 맞춰 맛있는 냄새가 형의 코끝에 진동하도록 죽을 끓이고 있었던 것입니다.

그런데 성경은 이날따라 에서가 여느 때보다도 더 심히 피곤했다고 기록하고 있습니다. 아마도 사냥감을 못 잡고 돌아온 것 같습니다. 그러니 그 허탈감에 더 배가 고팠을 것입니다. 야곱은 이때를 노려 형에게 불쑥 이 말을 던졌습니다.

"야곱이 이르되 형의 장자의 명분을 오늘 내게 팔라"(창 25:31).

야곱이 불쑥 이 말을 던졌다고 했지만, 실은 야곱의 치밀한 계획이 있었습니다. '형이 가장 배고플 때 이 말을 해야지'라는 시나리오가 있었습니다. 이때 정상적이라면 형 에서는 야곱에게 뭐라고 말했어야 합니까? 아무리 사냥 후 배가 몹시 고픈 상태라 할지라도 장자권을 노리는 동생을 향해 "야, 어디 감히 장자권을 거래하려고 들어!" 하면서 따끔하게 혼을 냈어야 정상입니다. 그런데 안타깝게도 에서는 야곱의 작전에 넘어가 버리고 말았습니다. 왜입니까? 자신의 본능에 따라 움직였기 때문입니다. 보이는 음식 앞에서 생각이 마비되어 버렸습니다(창 25:32). 지금 당장 배고파 죽겠는데 장자권, 그까짓 게 뭔 대수냐는 것입니다. 장자권이 밥 먹여 주냐는 것입니다. 결국 에서는 엄청난 하나님의 언약을 이어 갈 장자의 명분을 보이는 팥죽 한 그릇에 팔아넘기고 말았습니다. 성경은 에서의 이런 안타까운 행동을 이렇게 평가하고 있습니다.

> "야곱이 떡과 팥죽을 에서에게 주매 에서가 먹으며 마시
> 고 일어나 갔으니 에서가 장자의 명분을 가볍게 여김이었
> 더라"(창 25:34).

그렇습니다. 에서는 하나님의 언약인 장자권을 가볍게 여
겼습니다. 정말 무겁고 소중하게 여겼어야 할 장자의 명분
을 너무나도 대수롭지 않게 업신여겼습니다. 그렇다면 왜
에서는 이런 선택을 한 것일까요? 그것은 에서가 늘 눈에 보
이는 것이 전부인 삶을 살았기 때문입니다. 사실 하나님의
언약은 눈에 보이지 않습니다. 그러나 팥죽은 눈에 선명히
보입니다. 그러니 눈에 보이는 팥죽이 당장 자신의 배를 채
우고 자신의 삶을 유익하게 할 것이라 판단되어 한 치의 망
설임도 없이 그 엄청난 장자권(하나님의 약속)을 내버리게 된
것입니다.

그렇다면 장자의 명분을 대수롭지 않게 여기고 내다 버린
에서의 이 모습은 현대를 살아가는 우리 그리스도인들에게
무엇을 말하는 것이겠습니까? 솔직히 우리도 신앙생활을 하
다 보면 하나님의 약속은 너무 멀리 있는 것 같고 손에 잡히

지도 않아 에서와 같은 마음이 들 때가 있습니다. '내가 예수를 믿어 하늘 시민권자가 되었다고 하는데, 도대체 이 하늘 시민권이 지금 내게 무엇이 유익이 된단 말인가? 그리스도인으로 사는 것이 지금 당장 내 삶의 자리에서 무엇이 유익이 된단 말인가?' 특별히 주변의 믿지 않는 사람들이 '아니, 예수 믿는 게 너에게 무슨 유익이 되느냐? 지금 당장 먹고사는 것이 중요하지, 예수 믿는다고 뭐 밥이 나와, 돈이 나와?' 이런 식으로 조롱할 때, 솔직히 에서와 같은 마음이 들어 그리스도인의 정체성을 버리고 싶은 충동이 들 때가 있습니다.

사실 이것은 지금 우리만의 문제가 아니라, 2천 년 전 초대 교회 성도들도 갖고 있던 문제였습니다. 그래서 당시 바울은 보이는 것에 자꾸 신앙이 흔들리는 성도들을 향해 이렇게 권면했습니다. "우리가 소망으로 구원을 얻었으매 보이는 소망이 소망이 아니니"(롬 8:24a). 무슨 말입니까? '우리는 보이지 않는 소망으로 구원을 얻은 자들이다. 보이는 팥죽 같은 것이 어찌 우리의 소망이 될 수 있겠느냐. 그러니 어떤 경우에도 보이는 것에 마음을 빼앗겨 그리스도인의 정체성을 가볍게 여기거나 내버리지 말라'는 것입니다.

그리스도인들이 삶의 터전에서 얼마나 고단하고 힘겹게

살고 있는지를 압니다. 특별히 그 치열한 삶의 자리에서 그리스도인의 정체성을 가지고 살아간다는 것이 얼마나 어려운 일인지도 잘 알고 있습니다. 그럼에도 불구하고 하나님의 말씀을 전하는 목회자로서 사랑의 권면을 하고 싶습니다. "우리가 그리스도인이 되었다면 하늘 시민권자라는 정체성을, 성도라는 명분을 가볍게 여겨서는 안 됩니다. 어떤 경우에도 에서처럼 보이는 죽 한 그릇 때문에 그리스도인이라는 명분과 정체성을 내버려서는 안 됩니다."

물론 야곱이라고 해서 잘한 것은 없습니다. 형의 약점을 미끼삼아 장자권을 빼앗은 야곱의 행위 자체는 변명할 여지도 없이 비도덕적이고 영적이지도 못했습니다. 분명 야곱은 자라면서 어머니 리브가를 통해 어머니가 형과 자신을 잉태했을 때 하나님으로부터 '큰 자가 어린 자를 섬기리라'는 약속을 받았다는 이야기를 들었을 것입니다. 그런데 야곱을 편애했던 리브가도 그리고 야곱조차도 하나님의 약속을 기다리지 못했습니다.

사실 야곱이 꾀를 내어 형의 장자권을 차지하지 않아도 하나님이 그분의 때에 약속을 이루어 가셨을 텐데 야곱은 기다리지 못했습니다. 그 결과 야곱은 자기가 낸 꾀로 인해 하나님이 계획하신 길에서 훨씬 돌아가는 험악한 세월을 살아가게 됩니다. 이렇게 볼 때 사실 '에서와 야곱'의 행실은 오십보백보 같아 보입니다. 에서는 에서대로 성급했고, 야곱은 야곱대로 조급했습니다. 두 사람 모두 부족하고 문제가 많았습니다.

그럼에도 불구하고 성경이 강조하고 있는 에서와 야곱의 중대한 차이점이 무엇입니까? 에서는 보이는 것(팥죽)에 장자의 명분을 가볍게 여겨 내버렸지만, 그럼에도 불구하고 야곱은 보이지 않는 하나님의 언약, 그 언약이 담겨 있는 장자권을 중요하게 생각했다는 것입니다. 그래서 히브리서 기자도 보이는 것에 장자권을 내동댕이친 에서의 행동에 대해 이런 일침을 가했습니다. "음행하는 자와 혹 한 그릇 음식을 위하여 장자의 명분을 판 에서와 같이 망령된 자가 없도록 살피라"(히 12:16). 주목할 것은, 히브리서 기자가 보이는 죽 한 그릇에 장자권을 내버린 에서를 음행하는 자와 같은 수준으로 평가하고 있다는 것입니다. 그래서 에서를 향해 영혼을 망하는 자리에 두는 망령된 자라고까지 일갈합니다.

이렇게 볼 때 성경은 우리에게 이렇게 선포하고 있는 것입니다. '세상 속에서 신앙인으로 살아가면서 팥죽 한 그릇을 더 얻기 위해, 보이는 것을 하나 더 차지하기 위해 혹여 그리스도인이라는 우리의 장자권을, 성도라는 우리의 정체성을 내버리는 망령된 일을 하지 말라'는 것입니다. 사도 바울은 우리의 정체성(명분)을 이렇게 선언했습니다. "우리는 속이는 자 같으나 참되고 무명한 자 같으나 유명한 자요 죽은 자 같으나 보라 우리가 살아 있고 징계를 받는 자 같으나 죽임을 당하지 아니하고 근심하는 자 같으나 항상 기뻐하고 가난한 자 같으나 많은 사람을 부요하게 하고 아무것도 없는 자 같으나 모든 것을 가진 자로다"(고후 6:8b-10). 바로 이것이 하늘 시민권(하늘의 장자권)을 가지고 있는 성도의 정체성이요, 성도의 명분인 것입니다.

그렇습니다. 그리스도인은 실리보다도 성도라는 명분을 붙잡고 살아가는 자들입니다. 물론 세상은 그렇게 사는 우리를 조롱할 것입니다. "아니, 무슨 얼어 죽을 명분이냐? 당장 먹고살기도 힘든 판에…. 예수 믿는 너희는 아무 능력도 없고 보이는 것도 차지하지 못하는 주제에 무슨 보이지 않는 것을 추구한다고 하느냐? 그건 세상에서 실패한 지질한 자들의 변명에 지나지 않는다."

세상은 계속해서 우리를 이런 식으로 몰아갈 것입니다. 그러면 솔직히 세상의 이런 다그침 앞에 흔들릴 때가 있습니다. 그래서 어떤 성도는 자기 삶에서 맞게 된 실패 때문에 신앙을 저버리고 교회를 나오지 않는 경우도 왕왕 있습니다. 하지만 기억하십시오. 세상에서 잠깐 실패했다고 신앙을 등지거나 교회를 등져서는 안 됩니다. 잠깐 있다가 없어질 것들을 소유하지 못한 것은 실패가 아닙니다. 하나님의 시선에서의 진짜 실패는, 하나님이 주신 장자권을, 하늘 시민권을, 그리스도인(성도)이라는 정체성을 보이는 것들 때문에 내버리는 것입니다.

잊지 마십시오. 성도는 보이는 이 세상에 살고 있지만, 보이지 않는 영원한 세계에 가치를 두며 사는 존재입니다. 이 영적 명분이 흔들려서는 안 됩니다. 바로 이것이 우리가 평생 붙잡고 가야 할 장자의 명분인 것을 믿으십시오.

우리는 '하늘 시민'입니다. 우리는 '성도'입니다. 우리는 '영원한 가치를 향해 달려가는 그리스도인'입니다. 인생길 속에 찾아오는 수많은 명분과 실리 앞에서 우리는 하나님이 주신 '하늘 시민권의 명분을, 그리스도인이라는 명분을, 성도라는 명분'을 한순간도 놓지 않고 주어진 믿음의 길을 당당히 걸어가는 참 하나님의 사람이 되어야 할 것입니다.

질문과 나눔

1. 당신의 가정 안에, 특별히 부모와 자식 간에 회복이 필요한 영역이 있다면 무엇입니까?

2. 그리스도인으로 살면서 세상의 조롱을 받은 적이 있다면 언제입니까? 그때의 경험이 이후 당신의 믿음에 어떤 영향을 미쳤습니까?

3. 눈에 보이는 당장의 이익을 위해 그리스도인이라는 정체성을 내버린 적이 있다면 나누어 봅시다. 없다면, 그러한 순간을 어떻게 이겨 냈는지 서로 이야기해 봅시다.

3

다툼과 대적함을 지날 때 르호봇의 축복이 임한다

창세기 26:12-22

제라드 호에, 〈아브라함과 아비멜렉의 계약〉(1728년)

◇

　　　　　이삭이 아버지 아브라함의 장례를 치른 후 애굽(이집트)에서 가까운 '브엘라해로이'라는 지역에 살고 있었습니다. 그 지역에서 생활하며 60세가 되었을 때 쌍둥이 아들 에서와 야곱을 얻게 되었습니다. 이들 쌍둥이 형제는 성장 과정 속에 장자권 문제로 인한 치열한 공방이 있었습니다. 이렇게 형제간의 공방이 있을 무렵, 그곳 브엘라해로이 지역에 극심한 흉년이 들게 되었습니다. 그러자 이삭은 가족을 데리고 블레셋 땅인 그랄 지역으로 삶의 터전을 옮겨 그곳에서 살게 되었습니다(창 26:1).

　이삭의 아버지 아브라함도 그랬듯이, 이삭 역시 한곳에 정착하며 살지는 못했습니다. 기근으로 인해 정든 고향을 떠나야만 했습니다. 졸지에 나그네요, 떠돌이요, 난민 신세가 된 것입니다.

　심리학자이자 철학자인 가브리엘 마르셀(Gabriel Honore

Marcel)은 인간을 '호모 비아토르'(Homo Viator), 곧 '여행하는 인간', 즉 '길 위의 인간'이라고 정의했는데, 실로 공감이 되는 말입니다. 아마도 '길 위에 산다는 것'은 우리의 삶이 '나그네와 같은 삶'이라는 의미일 것입니다. 동시에 '그 삶의 형편과 처지가 상당히 취약하다'는 의미도 될 것입니다. 마치 난민처럼 말입니다.

사실 지금도 세계 곳곳에는 '전쟁과 테러, 가난과 기근으로 인한 난민'들이 굉장히 많습니다. 그런데 그들은 불법 체류 신분이기에, 그들이 터 잡은 곳에서 언제라도 내쳐질 위기에 놓여 있습니다. 지금 이삭의 가족이 그런 처지입니다. 그랄 땅에 들어와 살고 있지만, 언제라도 추방당할 수 있는 불안한 상황입니다. 그런데 놀라운 것은, 이렇게도 불안하고 취약한 나그네 길임에도 불구하고 이삭은 꿋꿋이, 그것도 엄청난 복을 받으면서 삶을 영위해 간다는 것입니다.

사실 신자인 우리의 삶이 나그네와 같습니다. 그런데 중요한 것은, 우리가 이 땅에서 잠시 나그네로 산다고 해서 대충 살아서는 안 된다는 것입니다. 하나님은 당신의 자녀들이 이 땅에서 대충 사는 것을 원치 않으십니다. 하나님은 당신의 자녀들이 이 땅에서 나그네와 같은 삶을 살아도 이삭처럼 당신의 축복을 받으며 살기를 원하십니다. 그렇다면 하나님의 자녀인 우리가, 비록 이 땅에서 나그네와 같은 삶을 살지라도, 늘 사모하며 갈망해야 할 축복은 무엇일까요?

시대를 보는 안목과 혜안의 축복

이삭의 가족이 기근으로 인해 정든 고향을 떠나 블레셋 땅 그랄 지역으로 이주했습니다. 그러고는 그곳에 터를 잡고 살게 되었는데, 외지인이라는 신분 때문에 언제 추방당할지 몰라 늘 불안한 상황이었습니다. 그럼에도 불구하고 이삭은 꿋꿋하게 그 땅에서 농사를 지으며 살았습니다. 그런데 이게 웬일입니까? 농사를 짓자 그해에 무려 100배의 수확을 얻게 된 것입니다.

사실 이삭이 원래부터 해 왔던 주업은 '목축업'입니다. 그러니 이삭의 입장에서 '농업'은 해 본 적이 없는, 어떻게 보면 '신산업'이었던 셈입니다. 요즘 우리 식으로 말하면, 평생 '제조업'에 종사했던 사람이 해 본 적 없는 '최첨단 IT산업'에 손을 댄 형국입니다. 그런데 한 번도 해 본 적이 없는 농사를 그것도 이주한 땅에서 하게 되었는데 어마어마한 수익을 내었다는 것입니다. 솔직히 이게 가능한 일입니까? 한 번도 손대 본 적이 없는 일을 시도했는데 그해에 100배나 되는 수익을 얻었다니요! 사실 우리의 미천한 경험과 실력으로는 어림도 없는 일일 것입니다. 그것은 이삭도 마찬가지가 아니었을까요? 당시 농업 지식과 경험이 미천한 이삭의 실력으로 그런 수확을 낸다는 것은 상상도 못할 일이었을 것입니다.

그래서인지 성경은 이삭의 100배 수확의 비밀이 무엇인지를 가르쳐 줍니다. 그것이 무엇입니까?

"이삭이 그 땅에서 농사하여 그해에 백배나 얻었고 여호와께서 복을 주시므로 그 사람이 창대하고 왕성하여 마침내 거부가 되어"(창 26:12-13).

그렇습니다. 그 비밀은 하나님의 신적 개입에 있었습니다. 즉 하나님이 복을 주셨기에 가능했다는 것입니다. 그런데 저는 하나님이 이삭에게 주신 이 복에는 단순히 100배의 수익을 주셨다는 열매적 차원보다, 당시 신산업이었던 농업에 투자할 수 있는 '시대적 안목과 혜안'을 주셨다는 것이 더 큰 복이라고 생각합니다. 인생을 살아가면서 어떤 사물이나 시대의 형세를 볼 줄 아는 '안목'이 있다는 것은 굉장히 중요하기 때문입니다.

예전에 〈중앙일보〉에 실렸던 기사입니다(2005년 6월 29일). 어떤 금고든 5분 안에 열 수 있다며 금고털이 1인자를 자임해 온 사람이 있었습니다. 이 사람이 예전에 교도소에서 만난 사람들과 함께 경기도 여주에 사는 김모 씨의 별장을 털기로 계획했습니다. 그 김모 씨가 골프채 수선업으로 큰돈을 벌고 있어 금고에 수십 억 원의 현금이 보관되어 있다는 정보를 입수했기 때문입니다. 범행에 나선 일당은 별장에 침입해 금고를 여는 데 성공했습니다. 그런데 금고 안에는 돈은 하나도 없고 귀금속 몇 개만 들어 있었습니다. 실망한 일당은 그 귀금속 몇 개와 함께 거실에 놓여 있던 골프채 세트를 훔쳐 달아났습니다. 그러고는 그 골프채 세트를 골프용품점에 125만 원에 팔아넘겼습니다.

그러던 중 이들 일당이 다른 범행을 벌이다가 경찰에 붙잡혀 조사를 받게 되었는데, 경찰이 이들의 범행 행각을 조사하던 중에 깜짝 놀랄 만한 사실을 알게 되었습니다. 이들이 125만 원에 팔아넘긴 골프채 세트가 실은 타이거 우즈(Tiger Woods)가 4개 메이저 대회를 연속적으로 제패한 것을 기념해, 미국의 유명 골프 용품 회사가 전 세계 500개만 한정적으로 제작한 희귀품이었던 것입니다. 일련번호가 새겨진 것으로, 국내에는 이 골프채 세트 단 하나뿐이었습니다. 일반에는 판매되지 않아 정확한 시가 산출이 어렵지만, 해외에서는 약 25만 달러(약 3억 원)에 경매에 나온 적이 있었다고 합니다. 그래서 신문 기사 제목이 '우즈 골프채 몰라본 도둑'이었습니다. 한마디로 말해, 보는 눈이 없었다는 것입니다.

이 신문 기사는 안목에 관한 것을 우스꽝스러운 일화로 소개했지만, 실제 우리 삶에서 '안목', '혜안'이라는 것은 너무나도 중요합니다. 특별히 '시대를 꿰뚫어보는 안목', '미래를 내다보는 혜안'은 우리의 삶의 질을 높이는 데 굉장히 중요합니다. 물론 이런 안목과 혜안들은 때때로 책이나 강연을 통해서도 획득할 수 있습니다. 그러나 책과 강연을 통해 얻는 안목과 혜안은 부분적입니다. 어차피 유한한 인간의 경험치에서 나오는 것들이기 때문입니다. 그러나 역사의 주인이요, 시간의 주관자이신 하나님이 시대의 형세를 분간하는 안목을 열어 주시고 미래를 내다보는 혜안을 허락하신다면 이것보다 귀한 축복이 또 어디에 있겠습니까? 뿐만 아니라 보여 주신 혜안을 실행(투자)할 수 있도록 담대한 용기까지 받는다면, 이것이야말로 은혜 위에 은혜일 것입니다. 이삭이 바로 이 놀라운 축복을 받은 것입니다.

그런데 주목할 것은, 성경이 이삭의 삶을 특징지을 때 묘사하는 핵심 단어가 '묵상'이라는 것입니다(창 24:63a). 그렇습니다. 이삭은 묵상하는 사람이었습니다. 묵상을 통해 어머니 사라를 잃은 슬픔을 극복할 수 있었고, 묵상을 하다가 평생의 반려자인 리브가를 만나기도 했습니다. 중요한 것은, 하나님께서 묵상하는 이삭에게 복을 주셨다는 것입니다. 어떤 복입니까? 시대의 형세를 분간하는 안목과 미래를 내다보는 혜안의 복입니다. 그로 인해 당시 신산업이었던 농업에 손을 대게 하셨고, 그 결과 창대하고 왕성하여 거부(巨富)가 되게 하셨습니다.

놀라운 것은, 성경에서 '거부'라는 단어가 그 많은 성경 인물 중에서 이삭 딱 한 사람에게만 쓰였다는 사실입니다. 그만큼 이삭은 성경이 인정한 부자였다는 것입니다. 그런데 저는 그 출발이 '이삭의 묵상 생활'이라고 봅니다. 그는 하나님의 말씀을 발의 등이요, 길의 빛으로 삼았습니다. 이렇게 볼 때, 이삭은 자기 힘으로 이룬 자수성가(自手成家)적 부자라기보다는, 하나님의 말씀과 은혜가 만들어 낸 신수성가(神手成家)한 거부임을 알 수 있습니다.

묵상하는 이삭의 일상이 당신의 일상이 되게 하십시오. 특별히 묵상의 일상화를 통해 시대를 읽는 안목과 미래를 내다보는 혜안의 복을 소유하게 되므로, 이삭처럼 영적으

로나 삶 속에서 창대하고 왕성해지는 복을 받게 될 것을 기
대하십시오.

미래에 대한 꿈을 접지 않는 축복

하나님께서 복을 주시므로 이삭의 재산이 점점 불어나게 되
었습니다. 양 떼도 소 떼도 늘어나고, 남종과 여종도 심히
많이 거느리게 되었습니다. 그런데 이렇게 외지인인 이삭이
자신들의 땅에 들어와 엄청난 복을 누리게 되자, 그 땅의 원
주민인 블레셋 사람들이 시기하게 되었습니다(창 26:14). 소
위 감정이 상하게 된 것입니다. 사촌이 땅을 사도 배가 아프
다는데, 뜨내기가 자기들보다 더 부자가 되어 살아가니 그
꼴을 견딜 수가 없었던 것입니다. 그래서 블레셋 원주민들
은 자신들의 감정을 노골적으로 드러냈습니다.

> "그 아버지 아브라함 때에 그 아버지의 종들이 판 모든 우
> 물을 막고 흙으로 메웠더라"(창 26:15).

블레셋 원주민들은 이삭의 아버지인 아브라함 때 팠던 모

든 우물을 흙으로 메워 버리는 것으로 자기들의 감정을 노출했습니다. 사실 유목민들에게 있어 우물은 목초지와 더불어 생명과도 같은 중요한 자산 중 하나였습니다. 그러다 보니 당시에는 우물 때문에 지역마다 많은 분쟁이 일어났습니다. 그렇기에 당시에 누군가가 내 소유의 우물을 흙으로 메웠다는 것은 전쟁을 하자는 선전 포고임과 동시에 그 땅을 떠나라는 경고의 의미였습니다. 블레셋 민심이 이 정도로 악화되자, 그동안 이삭을 불쌍히 여기며 보호해 주었던 블레셋 왕 아비멜렉 역시도 더 이상 이삭을 보호해 줄 수가 없어 이삭에게 떠날 것을 요구했습니다(창 26:16). 블레셋 왕이 이렇게 말할 정도였으니, 당시 이삭이 블레셋 땅에서 얼마나 부유해졌는지 짐작이 됩니다.

결국 현실을 냉철하게 인식한 이삭은 그랄 지역을 떠나기로 결정합니다. 솔직히 자신의 소유인 우물을 흙으로 메워 버린 그들의 행태가 너무나도 무도했지만, 그런 무도한 사람들과 싸우는 것은 지혜로운 일이 아님을 알았기에 아쉽지만 여러 해 동안 닦아 왔던 삶의 터전을 떠나 또다시 낯선 곳으로 이주하게 됩니다.

이삭의 가족이 도착한 곳은 그랄 시티에서 조금 떨어진 '그랄 골짜기'였습니다(창 26:17). 이삭이 그곳으로 간 이유는,

아마 그곳에도 아버지 아브라함이 파 놓은 우물이 있었기 때문인 것으로 보입니다. 이삭은 그랄 골짜기에 삶의 뿌리를 내리기로 작정하고는 제일 먼저 우물을 팠습니다. 특별히 아버지 아브라함 때 팠던 우물들을 다시 팠습니다. 감사하게도 콸콸 솟아나는 샘 근원을 찾아냈습니다.

그런데 샘 줄기를 얻기 무섭게 그랄 지방의 목자들이 들이닥쳐 시비를 걸어 왔습니다. 그러면서 콸콸 솟아나는 샘 줄기가 자기들 것이라고 우기기 시작했습니다. 이삭은 터무니없는 그들의 주장에 어이가 없었지만, 그들과 싸우기 싫어 우물을 내주었습니다. 그러고는 그 우물의 이름을 '다툼'이라는 의미를 담아 '에섹'이라 불렀습니다.

결국 이삭은 다른 지역으로 이주해 두 번째 우물을 팠습니다. 감사하게 이번에도 물이 콸콸 솟아났습니다. 그런데 지난번 시비 걸었던 그 그랄 목자들이 또다시 찾아와 시비를 걸었습니다. 놀라운 것은, 이번에도 이삭이 그들에게 우물을 내주었다는 것입니다. 그러고는 그 우물의 이름을 '대적함'이라는 의미를 담아 '싯나'라고 불렀습니다.

이로 인해 이삭은 또 다른 지역으로 이주해 세 번째 우물을 팠습니다. 계속 시비를 걸어 오니, 모르긴 해도 점점 척박한 땅으로 들어갈 수밖에 없었을 것입니다. 아니나 다를까, 그랄 목자들이 그곳까지는 오지 않았습니다. 더 이상 시비를 걸어 오지 않았습니다. 아마 그랄 목자들이 이삭이 옮긴 땅은 아무리 파도 우물물이 나오지 않는 곳이라 판단한 것으로 보입니다.

그런데 이게 웬일입니까? 세 번째로 이주한 곳에서도 우물물이 콸콸 솟아났습니다. 정말이지 성공률 100퍼센트입니다. 이삭은 거의 수맥 찾기의 달인, '수달'이 아닐 수 없습니다. 도리어 이번에는 이삭의 생각을 뛰어넘어 더 넓은 곳에서 우물물이 솟아났습니다. 그래서 이삭은 그 우물의 이름을 '여호와께서 우리 삶의 지경을 넓게 하셨다'라는 의미로 '르호봇'이라 불렀습니다(창 26:22).

보십시오. 이삭은 하나님으로부터 복을 받은 이유 때문에 사람들의 '시기의 대상, 대적의 대상'이 되었습니다. 그로 인해 삶의 터전을 계속 옮겨야만 했습니다. 솔직히 화도 나고 낙심도 되는 상황이 아닐 수 없습니다. 더 척박한 땅으로 들어가야 하니 그 마음이 오죽했겠습니까? 그러나 묵상으로 단련된 이삭은 단단했습니다. 그는 하나님의 약속의 말씀을 묵상하며 믿었기에 평화를 추구했으며, 미래에 대한 꿈을 결코 포기하지 않았습니다.

하나님이 이삭에게 어떤 약속의 말씀을 주셨습니까? "네 자손을 하늘의 별과 같이 번성하게 하며 이 모든 땅을 네 자손에게 주리니 네 자손으로 말미암아 천하 만민이 복을 받으리라"(창 26:4). 그렇습니다. 이삭은 이 말씀이 이루어질 것을 믿고 주어진 일상의 삶을 성실하게 살아갔습니다. 고달픈 현실은 현실대로 받아들이는 동시에 미래에 이루어질 일들을 믿고 새로운 삶을 시작할 용기를 내었던 것입니다.

이런 차원에서 볼 때, 하나님의 자녀는 미래에 이루어질 일들을 믿고 현재를 살아가는 '미래 현재형 사람'이라고 말할 수 있습니다. 그러니 지금 삶의 처지가 아무리 힘겹다 할지라도 쉽게 낙심하지 마십시오. 무엇보다 눈에 보이는 형편 때문에 미래에 대한 꿈을 결코 포기하지 마십시오. 왜냐하면 하나님의 자녀에게는 '르호봇의 축복'이 기다리고 있기 때문입니다.

물론 그 르호봇까지 가기 위해서는 때때로 '에섹과 싯나'라는 '다툼과 대적함의 고난'을 거쳐야 할지도 모릅니다. 어쩌면 지금 이 순간에도 그 치열하고 가파른 '삶의 에섹과 싯나'를 통과하고 있는 사람이 있을지 모르겠습니다. 그러나 그 에섹과 싯나의 고난으로 인해 삶이 잠시 비틀거릴지언정, 미래에 대한 꿈만큼은 결코 포기하지 마십시오. 에섹과 싯나에서 멈추지 마십시오. 이삭처럼 세 번째 우물 파기를 시작해 보십시오. 하나님께서 당신의 인생 지경을 넓혀 주기 위해 준비해 놓으신 르호봇의 축복을 경험하게 될 것입니다.

우리가 르호봇의 축복을 경험하기 위해 반드시 사모하며 갈망해야 할 기도 제목이 있다면 바로 이것입니다. '주여, 내 삶을 르호봇의 축복으로 이끌어 주옵소서! 에섹과 싯나에서 멈추지 않게 하옵소서.' 그리고 기도했다면 믿으십시오. 하나님께서 우리의 삶의 지경을 끝내 넓게(르호봇 되게) 하실 것입니다.

질문과 나눔

1. 당신은 이 땅에서 나그네로 살고 있습니까, 아니면 정착민으로 살고 있습니까? 그렇게 생각하는 이유는 무엇입니까?

2. 당신은 묵상을 통해 하나님의 일하심을 경험한 적이 있습니까? 있다면 나누어 봅시다.

3. 당신이 힘들 때마다 붙잡는 약속의 말씀은 무엇입니까? 그 말씀을 언제, 어떤 계기로 받게 되었습니까?

◇

삶의 처지가 아무리 힘겹다 할지라도
쉽게 낙심하지 마십시오.
하나님께서는 당신의 자녀들에게
'르호봇의 축복'을 예비해 두셨습니다.

4

이삭처럼 하나님도
속으실 줄 알았다

창세기 27:1-23

호페르트 플링크, 〈야곱에게 축복하는 이삭〉(1639년, 암스테르담 국립 미술관)

◇

　　　　얼마 전, 아파트 위층에 사는 젊은 엄마와 그 아래층에 사시는 할아버지에 관한 기사를 읽고 감동이 되었습니다. 아파트 위층에 사는 젊은 엄마에게는 마음에 걸리는 것이 있었습니다. 병원에 있다 퇴원한 아이가 자주 쿵쾅거리고 친구들과 시끄럽게 해 아래층 할아버지에게 죄송한 마음이 있었습니다. 더 죄송한 것은, 아래층 할아버지가 늘 "애들은 다 그런 것 아니냐"고 말씀하시는 분이었기 때문입니다. 아이 엄마는 미안한 마음을 전하기 위해 친정에서 보내 준 감과 감사 편지를 가지고 아래층 할아버지를 뵈러 갔습니다. 그런데 할아버지가 집에 계시지 않아서 가지고 간 감과 감사 편지를 문 앞에 두고 돌아왔습니다. 며칠 뒤, 위층 젊은 엄마 집 앞에 푸짐한 빵과 함께 이런 손 편지가 놓여 있었습니다. '혼자 외롭게 사는 늙은이에게는 시끄러움도 위안이 된답니다. 걱정하지 마세요.'

요즘이 어떤 세상입니까? 층간 소음으로 살인까지 벌어지는 살벌하고도 성마른 세상인데, 그런 세상 속에서 이런 배려와 정감이 넘치는 어르신의 품격을 보니 각박한 우리네 마음이 푸근해지는 것 같습니다. 그런데 이런 따뜻한 기사와 비교해 볼 때 야곱이 에서가 받아야 할 축복을 가로채는 이야기는 참으로 낯부끄럽지 않을 수가 없습니다. 앞선 기사처럼 인간적인 정감이나 배려, 인내, 죄송함이라고는 눈곱만큼도 찾아볼 수가 없습니다.

　이 장에서 살펴볼 이야기는 속이려는 자와 속지 않으려는 자의 치열한 두뇌 싸움입니다. 그들이 누구입니까? 속이려는 자는 리브가와 야곱이요, 속지 않으려는 자는 이삭입니다. 지금 아내와 남편 사이에, 또 둘째 아들과 아버지 사이에 이런 일이 벌어졌으니 가정의 비극이 아닐 수 없습니다. 그야말로 콩가루 집안입니다. 만약 우리 집안이 이렇다면 동네 주민이 알까 부끄럽기가 이만저만이 아닐 것입니다. 그런데 성경은 한 가정의 이런 낯부끄러운 이야기를 꽤 많은 분량을 할애해서 소개하고 있습니다. 도대체 이런 가정 비극 스토리 속에 무슨 하나님의 교훈이 있을까 의문이 들 정도입니다. 그런데 성경을 찬찬히 읽다 보니 이 말씀 속에서 우리를 향하신 하나님의 절절한 마음을 깨달을 수 있었습니다. 이 장에서는 그 하나님의 마음이 무엇인지를 함께 살펴보고자 합니다.

자녀 망치는 교육을 중단하라

창세기 27장은 '이삭이 나이가 많아 눈이 침침해져 앞이 잘 보이지 않는 상황'임을 설명하면서 시작합니다. 바로 이 상황이 야곱과 리브가의 계략이 성공할 수 있었던 단서임을 암시해 줍니다.

창세기의 전체적인 맥락으로 볼 때, 이때 이삭의 나이는 적어도 120-130세 정도인 것으로 짐작됩니다. 그래서였을까요? 이삭은 자신의 살날이 얼마 남지 않았다고 느꼈던 것 같습니다. 그래서 가문을 이어 갈 장남에게 유산 상속을 포함한 축복을 해 주려고 에서를 불렀습니다.

"에서야, 내가 언제 죽을지 몰라 죽기 전에 너에게 마음껏 축복을 하려고 하는데, 그전에 네가 나를 위해 사냥을 좀 해 와서 내가 좋아하는 별미를 만들어 주면 좋겠다."

아마도 이삭은 평소 에서가 사냥해 온 음식을 좋아했기에 그가 만들어 준 음식을 먹고 흡족한 마음으로 축복하려 했던 것 같습니다. 그런데 그 당시 문화로 볼 때 상속의 선포는 집안사람들이 다 있는 자리에서 공개적으로 해야 하는 사안이 었습니다. 하지만 이삭은 이 일을 몰래 처리하려 합니다. 왜 일까요? 이삭이 장남인 에서를 편애했기 때문입니다. 문제는, 야곱을 편애하던 리브가가 이삭과 에서의 대화를 지나가다 듣게 된 것입니다. 이에 리브가는 이삭의 축복을 에서가 아닌 야곱이 받도록 하기 위해 계략을 짜 냅니다.

"야곱아, 너 딴생각하지 말고 엄마가 시키는 대로 해라. 얼른 나가서 염소 새끼 두 마리를 잡아 오거라. 그러면 엄마가 네 아버지가 좋아하는 별미를 만들어 줄 테니, 네가 그 음식을 들고 가서 형 대신 축복을 받도록 해라."

앞 장에서 이야기했듯이, 리브가는 쌍둥이 에서와 야곱을 임신했을 때 하나님으로부터 "큰 자가 어린 자를 섬기리라"라는 야곱을 향한 하나님의 계획을 직접 들었습니다. 그럼에도 불구하고 리브가는 그 약속을 기다리지 못하고 자신이 계략을 꾸미면서까지 하나님의 뜻과 계획을 앞당기려 합니다. 하나님보다 앞서려고 하는 것입니다.

바로 이 지점에서 우리는 하나님보다 앞서려는 리브가의 이 모습이 혹 나의 모습은 아닌지를 돌아볼 수 있어야 합니다. 입술로는 "내 주여 뜻대로 행하시옵소서, 날 주관하셔서 뜻대로 하소서"(새찬송가 549장)라고 찬양하지만, 정작 그 뜻이 더디다고 판단될 때는 도리어 내 뜻과 의지를 앞세울 때가 많기 때문입니다.

결국 하나님보다 앞서려는 리브가의 행동은 속임수라는 잘못된 방법까지 동원하기에 이릅니다. 어떻게 남편을 속이려고 합니까? 에서처럼 보이게 하기 위해 야곱에게 형 에서의 옷을 입힙니다. 그리고 털이 많은 에서의 몸처럼 보이도록 매끈한 야곱의 몸에 염소 털을 덕지덕지 붙입니다.

그런데 야곱은 걱정이 되었습니다. 이게 탄로가 난다면 아버지로부터 복은 고사하고 저주를 받지 않을까 하는 생각이 들었던 것 같습니다. 그도 그럴 것이, 얼마 전 팥죽 한 그릇으로 형을 속인 것과 지금 아버지를 속이는 일은 전혀 차원이 다른 문제이기 때문입니다. 그러자 망설이는 야곱에게 리브가가 "내 아들아 너의 저주는 내게로 돌리리니 내 말만 따르고 가서 가져오라"(창 27:13)라고 말합니다.

정말이지 자식이 복 받기를 바라는 엄마의 사랑이 눈물겹습니다. 물론 자식이 잘되기를 바라는 부모의 마음은 인지상정입니다. 그러나 속임수를 쓰면서까지 자신이 편애하는 자식이 복 받기를 바란다면 그리고 자녀를 변장, 위조시키면서까지 누군가에게 가야 할 복을 가로채 자기 자식이 성공하기를 바란다면, 그것은 잘못되어도 한참 잘못된 것입니다. 그것은 오히려 자식에게 독이 될 것입니다.

리브가가 망설이는 야곱에게 한 말 중에 눈에 띄는 표현이 '내 말만 따르고'입니다. '야곱아, 너는 딴생각 말고 엄마 말만 따르면 돼'라는 것입니다. 사실 이 말이 신앙적으로 얼마나 무서운 말인지 모릅니다. 보십시오. 분명 리브가는 "큰 자가 어린 자를 섬기리라"라는 분명한 하나님의 뜻을 받았습니다. 그럼에도 불구하고 야곱에게 하나님의 뜻이 아닌 자신의 뜻과 계획을 따르라고 강요하고 있습니다. 하나님을 섬긴다는 엄마가 앞장서서 자식에게 하나님의 뜻을 거슬러 가라고 잘못된 길을 부추기고 있는 것입니다.

그렇다면 동일하게, 하나님을 믿는 우리의 자녀 교육은 어떻습니까? 혹 리브가처럼 속여서라도, 서류를 위조해서라도, 불의한 방법을 동원해서라도 자녀를 세상적인 성공의 길로 보내려 애를 쓰고 있지는 않습니까? 멈추십시오. 그것은 마치 야곱을 향한 리브가의 이 극성맞음이 결국 야곱으로 하여금 험악한 세월을 살게 했듯이 도리어 자녀의 인생을 힘들게 하는 것입니다.

보십시오. 리브가는 하나님의 뜻과 계획을 받았으면서도 하나님의 시간표를 기다리지 못했습니다. 그 결정적 이유가 무엇입니까? 그것은 리브가가 '복에 집착'했기 때문입니다.

그 '복(성공)에 대한 집착'이 아들을 잘못된 길로 인도하게 한 것입니다. 그 '복에 대한 집착'이 어떤 수단과 방법을 동원하든 원하는 것을 손에 넣기만 하면 된다는 오판을 하게 한 것입니다. 그 '복에 대한 집착'이 정작 복을 주시는 하나님의 뜻을 무시하게 만든 것입니다.

자녀의 앞길에 대해 너무 조바심을 갖지 마십시오. 야곱에게 하나님의 시간표가 있었듯이, 우리의 자녀들에게도 하나님이 가지고 계시는 시간표가 있다는 사실을 믿으십시오. 이것을 믿는다면, 어떤 경우에도 복에 집착하지 않고 복을 주시는 하나님을 갈망하며 그분의 뜻에 더욱 순종할 수 있게 될 것입니다. 그리고 그렇게 될 때 하나님의 뜻에 순종하는 것이, 속임수를 쓰지 않고 바르고 정직하게 가는 것이 진짜 성공이요, 더 빠른 길임을 깨닫게 될 것입니다.

그런 차원에서 자녀에게 하나님의 뜻과 계획에 순종하는 삶이 무엇인지를 보여 주는 부모가 되기를 결단하십시오. 확신하기는, 우리가 그렇게 살 때 자녀들이 부모인 우리의 모습을 보고 하나님을 더욱 신뢰하게 될 것이며, 결국 하나님의 손에 붙잡히는 영광스러운 인생으로 쓰임 받게 될 것입니다.

있는 모습 그대로 돌이키라

형처럼 꾸미기 위해 형의 옷을 입고, 몸에 털을 덕지덕지 붙이고, 어머니가 만들어 준 별미를 손에 든 야곱이 드디어 아버지 이삭 앞에 섰습니다. 그런데 아들이 들어왔는데도 아버지가 묻습니다. "네가 누구냐"(창 27:18).

이삭이 뭔가 이상하다는 느낌을 받은 것 같습니다. 그도 그럴 것이, 부모가 아무리 노쇠해서 눈이 침침하다 하더라도 자식의 목소리를 모를 리가 없기 때문입니다. 물론 부모가 청력을 잃었거나 중증 치매에 걸렸다면 자식의 목소리를 듣지 못하거나 모를 수도 있습니다. 그러나 이삭은 무려 180세에 이 땅을 떠났으니 앞으로 50-60년을 더 살아야 합니다(창 35:28). 그러니 아직 건강에는 큰 무리가 없어 보입니다. 심지어 육식 별미를 찾고 있을 정도입니다. 이렇게 볼 때, 지금 "내 아버지여"라고 부르는 소리가 이삭에게는 이상하게 들렸던 것이 분명합니다. 분명 에서가 와야 하는데 야곱의 소리가 들리니 "네가 누구냐"라고 물은 것입니다.

하지만 영적으로 볼 때 '네가 누구냐'는 이 말은 아버지 이삭을 속이기 위해 찾아온 야곱에게 하나님이 물으시는 것입니다. "야곱아, 네가 누군데 이런 못된 짓을 하려고 하느냐?

너는 내 사랑하는 자녀인데 왜 형의 모습으로 위장하고 속이려고 하느냐?" 마찬가지로 하나님은 동일하게 우리가 죄를 지으려 할 때, 세상의 가치관에 사로잡혀 성도의 명분을 숨기거나 버리려 할 때, 우리에게 다가와 우리의 심령 속에 이렇게 말씀하십니다. "아무개야, 너는 내 사랑하는 자녀인데 어찌 이런 죄를 지으려고 하느냐? 내 사랑하는 자녀인 네가 왜 세상의 옷으로 위장하고 타인을 속이려 하느냐? 내 사랑하는 자녀인 네가 왜 세상의 논리와 가치관을 덕지덕지 붙이고 살고자 하느냐?"

그렇다면 이때 우리는 하나님께 어떻게 반응해야 할까요? 다른 길은 없습니다. 무조건 납작 엎드려 자신의 죄를 인정하고 회개해야 합니다. "주님, 잘못했습니다. 저를 불쌍히 여기고 용서해 주옵소서"라고 자신의 죄 된 상태를 그대로 인정해야 합니다. 그런데 야곱은 '네가 누구냐'라는 아버지 이삭의 물음에 어떻게 반응했습니까? 그는 "나는 아버지의 맏아들 에서로소이다"(창 27:19a)라고 말하며 안타깝게도 자신의 존재를 인정하지 않고 아버지를 속였습니다. 야곱은 늘 에서가 되고 싶었기 때문입니다. 야곱의 눈에 장자를 축복하시는 하나님은 언제나 에서의 하나님으로 보였기 때문입니다. 태생부터 자신을 외면하신 하나님은 언제나 나의 하나님이 아니라 에서의 하나님으로 보였기 때문입니다.

그래서일까요? 저는 자신이 에서라고 우기는 야곱의 이 말이 마치 "제가 에서잖아요. 그 에서의 자리가 원래는 제 자리잖아요!"라며 하나님께 생떼를 부리는 것처럼 느껴집니다. 왜 이런 일이 벌어진 것일까요? '현실의 나'는 야곱인데 '되고 싶은 나'는 에서였기 때문입니다. 그래서 있는 모습 그대로인 야곱이 아니라 에서로 위장하고 변장했던 것입니다.

잊지 마십시오. 하나님은 언제나 우리가 있는 모습 그대로 당신 앞에 나아가기를 원하십니다. 종교적인 외식을 덕지덕지 붙인 상태가 아닌, 있는(죄 있는) 모습 그대로 나아가 당신께 은혜 구하기를 원하십니다.

하나님은 야곱이 그 거짓과 속임수를 버리고 당신께로 돌이키도록 계속해서 사인을 주고 계십니다. 어떤 방식으로 사인을 주십니까? 지금 야곱은 아버지 이삭 앞에서 속임수가 들통나면 어떻게 하나 조마조마해하고 있습니다. 그런데 아버지는 계속해서 질문합니다. 변장한 야곱의 입장에서는 그냥 빨리 축복해 주셨으면 좋겠는데 웬 질문이 이리도 많은지, 성경을 보면 이삭이 정확히 다섯 번의 확인 과정을 거칩니다.

이것이 의미하는 것이 무엇이겠습니까? 하나님이 야곱으로 하여금 거짓과 속임수를 멈추고 당신께로 돌이키라고 사인을 주고 계신 것입니다. 그런데 안타깝게도 야곱은 그 기회를 놓치고 또 다른 거짓말로 위기를 모면해 갑니다. "네가 어떻게 이렇게 빨리 사냥을 해서 요리를 만들어 왔느냐"는 질문에는 "하나님께서 순조롭게 인도하셔서 빨리 만들 수 있었다"며 자기 거짓말에 하나님의 이름까지 들먹일 정도였습니다. 거짓말도 나쁘지만, 더 나쁜 것은 자기 거짓말에 하나님의 이름까지 들먹거리는 것입니다.

쉽게 말해 이런 경우입니다. 어떤 일을 해서 큰 성과를 이루게 되었습니다. 그런데 알고 보니 그 성과가 온갖 거짓과 속임수를 다 동원해서 이룬 결과물이었습니다. 그 결과를 놓고 하나님이 순조롭게 인도하고 축복해 주셔서 이룰 수 있었다고 말하는 것과 같은 것입니다. 그렇게 해서 하나님께 영광을 돌린다고 한들 그것이 과연 하나님께 영광이 될까요? 하나님이 그 영광을 받으실까요?

그런데 놀라운 것은, 그럼에도 불구하고 하나님은 계속해서 야곱에게 돌이킬 기회를 주고 계시다는 것입니다. 어떻게 말입니까? 이삭에게 계속해서 확인 과정을 거치게 하심으로 돌이킬 기회를 주십니다. 이에 이삭은 자기 앞에 있는 아들이 에서인지 아닌지를 확인하기 위해 직접 만져 보겠다며 가까이 오라고 합니다.

상식적으로 생각해 본다면, 이때 야곱은 등줄기에 식은땀이 주르륵 흘러내렸을 것 같습니다. 하지만 그것은 우리의 생각이고, 야곱은 아무렇지도 않게 아버지에게 다가가 손과 몸을 내밉니다. 형의 모습처럼 털을 덕지덕지 붙였으니 마음껏 만져 보라는 것입니다. 우리는 여기서 점점 자신의 죄에 대해 둔감해지고 있는 야곱의 모습을 보게 됩니다. 사실 처음 거짓말을 할 때는 가슴이 콩닥콩닥 뛰었을 것입니다. 하지만 그것이 반복되자 이제는 아무렇지도 않게 생각합니다. 이게 무서운 것입니다. 죄에 대해 무뎌지는 것(둔감해지는 것)이야말로 가장 무서운 영혼의 적입니다.

혹시 죄를 짓고 있음에도 전혀 떨림이 없다면, 당신은 지금 영적으로 마비된 상태임을 직시해야 합니다. 그리고 직시했다면 반드시 여호와 하나님께로 돌이켜야 합니다. 왜 그렇습니까? 죄에서 돌이켜야 살기 때문입니다. 야곱은 돌이키기까지 무려 20년 동안 고생하며 험악한 세월을 살아왔습니다. 우리는 야곱을 반면교사 삼아 즉각 하나님께로 돌이킬 수 있어야 합니다. 돌이키되 있는 모습 그대로 여호와 하나님께 나아갈 수 있어야 합니다.

이삭은 자신에게 가까이 온 아들을 만지면서 이런 말을 합니다. "음성은 야곱의 음성이나 손은 에서의 손이로다"(창 27:22b). 이 말씀을 묵상하는데 너무 섬뜩했습니다. 이삭의 이 말이 저에게는 이런 하나님의 음성으로 들렸기 때문입니다. "겉모습은 목사 같으나 그 속은 아니로다." 이것이 비단 저에게만 해당되는 내용일까요? 만약 주님이 당신에게 "겉모습은 그리스도인 같으나 그 속은 아니로다"라고 하신다면 화들짝 놀라지 않겠습니까? 사도 바울도 비슷한 뉘앙스로 말했습니다. "경건의 모양은 있으나 경건의 능력은 부인하니 이 같은 자들에게서 네가 돌아서라"(딤후 3:5). 겉모습은 경건한 것 같은데 그 내면은 전혀 그렇지 않은 사람이 많다고 고발하는 것입니다.

우리는 껍데기보다 속사람이 강건한 사람이 되어야 합니다. 특별히 겉과 속이 같은 경건한 사람이 되어야 합니다. 무엇보다 경건한 척하지 않고 "나는 하나님의 긍휼이 필요한 야곱(죄인)입니다!"라고 정직하게 말할 수 있는 사람이 되어야 합니다. 그 어떤 종교적 외식도 붙이지 않고 자신의 연약함을 정직하게 인정하며 있는 모습 그대로를 가지고 여호와 하나님께로 돌이킬 수 있는 사람이 되어야 합니다.

놀라운 것은, 그렇게 자신이 야곱(죄인)임을 정직하게 인정하고 하나님께로 돌이키는 자들에게 하나님은 반드시 '새 은혜'를 주신다는 사실입니다. 야곱을 보십시오. 비록 20년 후이긴 하지만, 하나님 앞에서 '나는 야곱입니다'라고 자신의 존재를 정직하게 인정하자 하나님은 '너는 더 이상 야곱이 아니라 이스라엘이다!'라면서 그에게 새 이름을 주셨습니다. 우리도 마찬가지입니다. 하나님 앞에서 '나는 하나님의 긍휼이 필요한 죄인입니다'라고 정직하게 고백할 때 하나님은 '너는 더 이상 죄인이 아니다. 내 아들 예수의 피가 너의 죄를 씻었으므로 이제 너는 나의 자녀가 되었다!'라면서 '하나님의 자녀가 되는 새 은혜', '우리 인생을 영원토록 책임져 주시는 새 은혜'를 주십니다.

혹시 지금 죄를 짓고 있음에도 전혀 떨림이 없습니까? 그렇다면 지금 당장 '나는 하나님의 긍휼이 필요한 야곱(죄인)입니다' 하고 여호와께로 돌이켜야 합니다. 있는 모습 그대로를 인정하며 하나님 앞으로 달려 나오십시오. 그러면 주님은 용서하시고 치유해 주실 뿐 아니라, 새 은혜와 새 능력을 덧입혀 주실 것입니다. 그리고 인생의 새 길을 열어 주실 것입니다.

질문과 나눔

1. 어떤 일을 진행하거나 결정할 때 당신은 주로 어떤 대상을 찾습니까? 하나님입니까, 친구입니까, 아니면 자기 자신입니까?

2. 하나님 앞에 있는 모습 그대로 나아가기 위해 벗어 버려야 할 신앙의 불필요한 장식과 치장이 있다면 무엇입니까?

3. 무감각해진 죄를 끊어 내고 주님께로 돌이키기 위해서는 어떤 결단이 필요합니까? 또한 당신이 결단하지 못하도록 방해하는 요소가 있다면 무엇입니까?

5

쫓김의 자리에서도
나를 포기할 수 없었다

창세기 28:10-22

윌리엄 블레이크, 〈야곱의 꿈〉(1805년, 영국 박물관)

◇

　　　야곱이 속임수까지 동원해서 형 에서에게
가야 할 아버지의 축복을 가로챘습니다. 그러자 이 모든 정
황을 알게 된 에서가 자신의 복을 빼앗아간 야곱을 죽이기로
결심합니다. 놀라운 것은, 야곱을 죽이겠다는 에서의 이 결
심은 마음속으로 한 독백이었는데 리브가가 에서의 독기를
알아차렸다는 것입니다. 리브가는 야곱을 에서의 보복으로
부터 보호하기 위해 그를 하란에 살고 있는 오빠 라반의 집
으로 피신시키기로 계획합니다.

　그런데 리브가가 야곱을 라반의 집으로 보내기 위해서는
남편 이삭의 허락이 있어야만 했습니다. 어떻게 할까 고민
하던 그녀는 아주 좋은 명분 하나를 내세워 남편을 설득시켰
습니다. 그 명분이란 야곱을 형 에서처럼 이곳 가나안 여인
들과 결혼시켜서는 안 된다는 것이었습니다(창 27:46).

　사실 이삭과 리브가는 에서가 가나안 여인들을 아내로 맞아

들인 것에 대해 달갑지 않게 생각하고 있었습니다(창 26:34-35). 이삭 역시 이 문제로 근심이 되었기에 리브가의 제안을 받아들여 야곱으로 하여금 라반의 딸들 중에서 아내를 맞이하라고 그를 라반에게 보내는 것을 허락합니다.

이제 야곱이 이삭의 축복을 받은 후 부모가 있는 브엘세바를 떠나 외삼촌 라반이 살고 있는 하란을 향해 출발합니다(창 28:1-5). 아마도 형 에서에게는 전혀 알리지 않고 은밀하게 도주했을 것입니다. 만약 에서가 알았다면 쫓아와서 죽일 것이 뻔했기 때문입니다.

브엘세바에서 하란까지는 대략 800-900킬로미터 정도라고 합니다. 보통 30일 이상 걷는다는 스페인 산티아고 순례길이 약 800킬로미터라고 하니 야곱 또한 한 달 이상이 걸리는 여정이었을 것입니다. 야곱은 그 여정 속에서 '루스'라는 한 장소에 도착하게 되었고, 해가 저물자 그곳에서 노숙을 하기 위해 돌을 베개 삼아 잠을 청했습니다. 이때의 야곱의 모습이 참으로 처량하고 애처롭게 느껴지지 않습니까? 그도 그럴 것이, 형의 장자권을 빼앗고 아버지를 속여 축복권도 가로채 좋아하던 야곱이었는데 그 장자권과 축복권을 사용해 보지도 못하고 노숙자 신세가 되었으니 말입니다.

사실 사냥을 좋아하고 들사람으로 살아온 에서라면 이런

환경에서 잠을 청하는 것이 익숙할 수 있겠지만, 주로 장막 안에서 생활해 왔던 야곱의 입장에서는 지금의 이 잠자리가 불편해도 여간 불편한 것이 아닙니다. 그러나 몸의 불편도 불편이지만, 아마 더 견딜 수 없었던 것은 마음의 외로움과 서글픔이었을 것입니다. 정말이지 야곱에게 있어 그 밤은 너무나도 서글프고 쓸쓸한 밤이 아닐 수 없었을 것입니다. 사랑하는 어머니와 정든 집을 떠나 형의 살기를 피해 도주하는 길이니 자신의 신세가 얼마나 처량하게 느껴졌을까요?

사실 우리도 인생을 살아가면서 야곱이 만난 밤을 맞이할 때가 있지 않습니까? '외롭고 쓸쓸한 밤, 서글프고 처량한 밤, 실패의 밤, 쫓기는 밤, 고통의 밤, 눈물의 밤….' 솔직히 이런 인생의 밤을 만날 때 우리의 삶은 상한 갈대처럼 흔들립니다. 그 밤에 야곱 또한 그렇지 않았을까요? 그런데 바로 그 밤에, 상한 갈대를 꺾지 않으시고 꺼져 가는 등불을 끄지 않으시는 하나님이 야곱을 찾아와 주셨습니다.

인생의 밤에 하나님을 만나다

야곱의 이야기를 통해 배울 수 있는 첫 번째 영적 레슨은, 인생의 쓰라린 밤에 하나님을 만날 수 있다는 것입니다. 하나님이 상한 갈대와 같은 처지에 있는 야곱을 꿈을 통해 찾아와 주셨습니다. 야곱이 꿈에서 본 것은 사닥다리가 땅으로부터 하늘에까지 닿아 있고, 하나님의 천사들이 그 사닥다리 위를 오르락내리락하는 모습이었습니다. 무엇보다 그 위에 하나님께서 서 계신 것을 보았습니다. 그리고 그 하나님의 음성을 명확히 들었습니다.

이는 무엇을 보여 주는 것입니까? 야곱이 드디어 하나님을 경험하고 있는 것입니다. 사실 야곱은 형 에서로 변장해서 아버지 이삭을 속일 때 아버지로부터 '네가 누구냐'는 음성을 계속 들었습니다. 앞 장에서 살폈듯이, '네가 누구냐'는 이삭의 이 음성은 영적인 의미로 볼 때 하나님의 음성이라고 할 수 있습니다. 그런데 아버지와 형을 속여 복을 가로챌 때는 그 복에 집착하느라 전혀 듣지 못했던 하나님의 음성을 외롭고 쓸쓸한 밤, 세상에 기댈 곳 없어 서글픈 밤, 가장 낮아진 밤에 듣게 된 것입니다.

야곱은 요즘 식으로 말하면 기독교 명문가의 자손입니다. 할아버지가 믿음의 조상 아브라함이니 두말해 무엇 하겠습니까? 그러니 어렸을 때부터 부모와 함께 예배를 드리면서 하나님이 어떤 분이신지를 귀가 닳도록 들어 왔을 것입니다. 하지만 그때의 하나님은 부모를 통해 들어 왔던 하나님일 뿐, 야곱 자신이 만난 하나님은 아니었습니다. 그런데 비록 꿈이지만 들어만 왔던 하나님을 진짜 만난 것입니다. 그분을 보고, 그분의 음성을 들은 것입니다.

지금까지(70년 동안) 야곱은 하나님을 스스로 찾은 적도 없었고, 찾을 줄도 몰랐습니다. 그런데 그런 그에게, 그것도 잘못을 저지르고 도주하고 있는 그에게 하나님이 먼저 찾아와 주셨습니다. 더 놀라운 것은, 그런 야곱을 찾아오신 하나님이 그를 전혀 책망하지 않으셨다는 사실입니다. 하나님은 도리어 야곱에게 복을 주겠다고 말씀하십니다.

아니, 우리의 상식으로는 이 못된 야곱을 혼내 주셔야 할 것 같은데 축복이 웬 말입니까? 정말이지 은혜 외에는 설명할 길이 없습니다. 하나님의 일방적이고도 저항할 수 없는 은혜입니다. 잊지 말아야 할 것은, 여전히 야곱스러움이 충만한 우리 또한 이 은혜를 받은 주인공이라는 사실입니다. 그러니 어떤 경우라도 야곱이 다른 사람이라고 생각하지 마십시오. 바로 내가 그 일방적 은혜를 받은, 저항할 수 없는 은혜를 받은 야곱임을 잊지 말아야 합니다.

그 밤에 하나님이 야곱에게 찾아와 가장 먼저 하신 말씀이 무엇입니까?

"나는 여호와니 너의 조부 아브라함의 하나님이요 이삭의 하나님이라"(창 28:13a).

하나님은 야곱에게 당신이 누구인지를 먼저 소개하셨습니다. 그런데 그 소개가 참 소박합니다. 당신을 창조주 하나님이나 전지전능한 하나님이 아니라 '네 할아버지와 네 아버지의 하나님'이라고 소개하십니다. 이 소개에 담긴 하나님의 속마음이 무엇이겠습니까? '야곱아, 네 할아버지와 네 아버지가 나와 관계를 맺었던 것처럼 나는 너하고도 관계를 맺고 싶다. 나는 너의 하나님도 되고 싶다'라는 것입니다.

그렇습니다. 하나님은 다른 이유가 아니라 야곱의 하나님이 되고 싶어 그를 찾아오신 것입니다. 그것도 야곱이 가장 외롭고 쓸쓸했던 밤, 서글픔의 눈물을 하염없이 흘리고 있던 그 밤에 말입니다. 마찬가지입니다. 하나님은 우리의 하나님이 되고 싶어 하십니다. 우리 안에 여전히 야곱스러움이 남아 있지만, 그럼에도 불구하고 '나는 너의 하나님이 되고 싶다'라고 말씀하십니다. 그러니 혹 지금 인생의 서글픈 밤을 지나고 있더라도 너무 주눅 들지 마십시오. 다시 힘을 내십시오. 빛이신 하나님이 우리의 하나님이 되고 싶다며 우리 인생의 밤에 찾아와 주실 것입니다. 우리 인생의 밤에 찾아오시는 하나님을 잊지 마십시오.

임마누엘을 약속하시다

야곱의 이야기를 통해 배울 수 있는 두 번째 영적 레슨은, 인생의 밤에 찾아오신 하나님은 '임마누엘이라는 약속'을 들고 찾아와 주신다는 사실입니다. 야곱의 인생의 밤에 찾아오신 하나님은 그에게 또 뭐라고 말씀하셨습니까?

> "네가 누워 있는 땅을 내가 너와 네 자손에게 주리니 네 자손이 땅의 티끌같이 되어 네가 서쪽과 동쪽과 북쪽과 남쪽으로 퍼져 나갈지며 땅의 모든 족속이 너와 네 자손으로 말미암아 복을 받으리라"(창 28:13b-14).

사실 하나님이 말씀하신 이 축복들은 너무나도 큰 개념입니다. 솔직히 야곱의 입장에서는 이 축복이 언제 이루어질지 모를 먼(추상적인) 이야기로 들립니다. 냉정하게 말해서, 야곱이 그 밤에 하나님으로부터 듣고 싶은 이야기는 무엇이겠습니까? 언제 이루어질지 모를 땅이나 자손에 대한 약속이 아니라, '네 형 에서의 분노가 사그라졌으니 집으로 돌아가라'는 말일 것입니다. 그렇다면 하나님이 야곱에게 들려주신 이 말씀은 현재 야곱이 처한 상황과는 상당한 거리가 있어 보입니다. 그도 그럴 것이, 당장 야곱을 위해 해 주시는 일은 없는 것 같습니다. 상황이나 환경을 바꿔 주시겠다는 말씀도 없습니다.

신앙의 여정 속에서 우리가 주로 낙심할 때가 바로 이런 경우가 아닙니까? 하나님을 붙잡았는데 상황이나 환경이 당장에 변화되지 않을 때 낙심합니다. 하나님의 약속의 말씀을 매주 들었는데 그 말씀이 내 삶과 관계가 없다고 느껴질 때 낙심합니다. 그러나 당장 변하지 않는 삶의 환경으로 인해 하나님의 말씀이 우리의 삶과 거리가 있다고 생각할지 모르지만, 하나님은 당신이 약속하신 말씀을 가장 적절한 타이밍에 맞춤형으로 이루어 주기 위해 일하십니다. 그래서 하나님은 낙심할지 모를 야곱(우리)에게 이런 확신의 말씀을 주십니다.

"내가 너와 함께 있어 네가 어디로 가든지 너를 지키며 너를 이끌어 이 땅으로 돌아오게 할지라 내가 네게 허락한 것을 다 이루기까지 너를 떠나지 아니하리라 하신지라"(창 28:15).

그렇습니다. 하나님은 야곱스러운 우리에게 임마누엘을 약속하십니다. '내가 너와 함께하겠다, 내가 너를 지켜 주겠다, 내가 너를 이끌어 주겠다, 내가 너를 떠나지 않겠다'고 말씀하십니다. 이게 복음입니다. 하나님이 죄인인 우리에게 찾아와 '함께해 주겠다고, 지켜 주겠다고, 인도해 주겠다고, 떠나지 않겠다고' 말씀하시니 이런 기쁜 소식이 또 어디에 있겠습니까?

그날 밤 야곱은 혼자가 아니었습니다. 하나님이 함께하시는 밤이었습니다. 하나님이 지켜 주시는 밤이었습니다. 하나님이 인도하고 동행해 주시는 밤이었습니다. 이 야곱의 하나님이 우리의 하나님이신 것을 믿으십시오. 그 하나님이 우리에게도 찾아오십니다. 삶의 어려움으로 고난의 터널을 지나고 있는 날에도 찾아오시고, 말 못 할 사정으로 가슴을 쓸어내리는 날에도 찾아오십니다. 화가 치밀어 오르는 날에도 찾아오시고, 우울감으로 죽지 못해 사는 것 같은 날에도 찾아오십니다. 타성에 젖어 무력함이 일상이 되어 버린 날에도 찾아오시고, 그날이 그날 같은 지루한 날에도 찾아오십니다. 그리고 말씀하십니다. "너는 결코 혼자가 아니란다. 내가 너와 함께할 거란다. 내가 너를 떠나지 않고 지킬 거란다."

잊지 마십시오. 우리 인생의 밤에 찾아오시는 하나님은 임마누엘을 약속하십니다.

벧엘에서 멈추면 안 된다

야곱의 이야기를 통해 배울 수 있는 세 번째 영적 레슨은, 우리의 신앙이 벧엘에서 멈추어서는 안 된다는 것입니다. 드디어 야곱이 잠에서 깨어났습니다. 잠에서 깨어난 야곱이 보인 첫 반응은 무엇입니까? '하나님이 여기 계시다는 사실을 알게 된 것'입니다(창 28:16-17).

그동안 야곱은 하나님이 자신이 떠나오기 전에 살던 브엘세바에만 계시는 줄 알았습니다. 다시 말해, 한 지역을 벗어나면 그 힘이 무력화되는 지역 신 정도로만 하나님을 알고 있었습니다. 그런데 드디어 하나님은 계시지 않는 곳이 없다는 사실을 체험하게 된 것입니다. 그래서 그는 지금 자신이 하나님을 만난 바로 그곳을 '하나님의 집이요 하늘의 문'이라고 선포하고는 그곳 '루스'를 '하나님의 집'이라는 뜻의 '벧엘'이라고 명명했습니다(창 28:18-19).

이제 야곱은 알게 되었습니다. 하나님과 함께하는 곳은 언제, 어디든 벧엘이 될 수 있음을 깨닫게 되었습니다. 그렇습니다. 하나님을 만나는 곳, 하나님의 영이 임재하는 곳이 바로 '벧엘'입니다. 우리가 온 맘 다해 예배하는 곳이 곧 '벧엘'인 것을 믿으십시오. "내 주 예수 모신 곳이 그 어디나 하늘나라, 주 예수와 동행하니 그 어디나 하늘나라"(새찬송가 438장)라는 찬송 가사처럼, 하나님과의 만남과 동행이 있는 그곳이 바로 벧엘인 것입니다.

놀라운 것은, 야곱이 그 벧엘에서 인생의 혹독한 밤을 지나 찬란한 은총의 햇살을 맞이하기 시작했다는 것입니다. 야곱이 서서히 변화되기 시작한 것입니다. 물론 완전히 달라진 것은 아니었습니다. 우리는 그 사실을 야곱이 하나님께 서원하는 내용을 통해 확인할 수 있습니다(창 28:20-22).

야곱은 하나님께서 자신과 함께하신다는 것과 자신을 지키고 인도해 주신다는 것에 대한 증표로 무엇인가를 요청하고 있습니다. 무엇입니까? 당장 필요한 먹을 떡과 입을 옷을 주시고, 궁극적으로는 부모님이 있는 집으로 돌아가게 해 달라는 것입니다. 그런데 문제는 그 요청을 조건부로 제안한 것입니다. 하나님이 인생에 필요한 것들을 채워 주시면 그때 여호와를 자신의 하나님으로 인정하고 섬기겠다고, 그때 기둥으로 세운 이 돌을 하나님의 전으로 삼겠다고 그리고 그때 십분의 일을 드리겠다고 서원하고 있습니다.

야곱의 이 제안이 어떤 뉘앙스로 들립니까? 하나님이 나의 하나님이 되시는 것은 내가 결정하는 일이라는 것입니다. 하나님이 하시는 것 봐서 결정하겠다는 것입니다. 참 어이없는 태도입니다. 하나님은 아무런 조건도 없이 찾아오셨는데, 야곱은 그 하나님과 조건을 걸고 협상을 하고 있습니다. 팥죽 한 그릇으로 형에게 장자권을 거래했던 그 뻔뻔한 야곱스러움이 하나님에게까지 여전히 작동되고 있는 것입니다.

보십시오. 야곱은 인생의 혹독한 밤에 그곳 벧엘에서 하나님을 만났습니다. 그래서 그것이 너무 감격스러워 베개로 삼았던 돌을 가져다가 기둥으로 세우고 그 위에 기름을 부었습니다. 일종의 약식 예배를 드린 것입니다. 처량함과 서글픔을 상징하던 돌베개가 하나님을 예배하는 은혜의 전으로 바뀐 것입니다. 그런데 이 은혜를 경험하고도 야곱은 여전히 자기 방식으로 하나님을 대합니다. 형과 거래했던 것처럼 하나님과도 거래하고 협상하고 있는 것입니다.

솔직히 현대의 많은 성도가 '벧엘의 야곱'으로 살아갑니다. 하나님의 은혜를 체험하고 있다고 하지만 하나님과 거래하고 협상하는 야곱스러운 모습으로 살아갑니다. '이번에

이 사업 잘되게 해 주시면, 이번에 내 자녀 좋은 대학에 합격시켜 주시면, 이번에 좋은 직장에 취직시켜 주시면'이라는, 소위 '내가 잘되면'이라는 전제가 깔려 있는 신앙생활을 합니다. 물론 그 마음을 이해 못 하는 것은 아닙니다. 사실 그것도 하나님을 의식하며 하나님께 매달리는 행위이니 나쁘다고 할 수는 없습니다. 그러나 우리의 신앙이 벧엘에서 멈추어서는 안 됩니다. 하나님과 거래하는 신앙에서 정체되어서는 안 됩니다.

잊지 말 것은, 야곱에게 있어 벧엘은 변화의 터닝 포인트(전환점)였을 뿐, 신앙의 종착지는 아니었다는 것입니다. 실제로 야곱은 앞으로 '이스라엘'이라는 새 이름(새 은혜)을 받게 될 얍복 나루에서의 하나님과의 만남이 기다리고 있습니다. 그러니 그의 신앙이 벧엘에서 정체되면 안 된다는 것입니다.

주목할 것은, '내가 잘되면'이라는 조건을 걸고 하나님과 거래하려는 모습이 우리의 영적 자화상일 수 있다는 것입니다. 종교 개혁의 모토는 '개혁된 교회는 항상 개혁되어야 한다'는 것입니다. 즉 우리의 신앙이 침륜(沈淪)에 빠지거나 뒤로 물러서거나 정체되어서는 안 된다는 것입니다. 특별히 종교 개혁의 기치 중에 중요한 진리는, 우리는 개혁의 대상이지 개혁의 주체가 아니라는 사실입니다. 개혁의 주체는 언제나 성삼위 하나님이십니다. 그런데 개혁의 주체이신 하나님이 우리에게 말씀하십니다. '너의 신앙이 벧엘에 멈춰 있어서는 안 된다, 너의 신앙이 나와 협상하는 수준에 정체되어 있으면 안 된다.' 그렇기에 그리스도인이 추구해야 할 신앙의 과제는, 벧엘에서 얍복 나루를 향해 나아가는 것입니다. 얍복 나루를 향한 은혜의 경주를 멈추지 마십시오.

질문과 나눔

1. 당신의 가장 어두웠던 시절은 언제입니까? 그때 하나님은 당신에게 어떤 분이셨습니까?

2. 하나님의 응답이 당신이 기대한 것과 같지 않을 때 당신은 어떻게 반응합니까?

3. 당신의 믿음은 어디에 있습니까? 벧엘입니까, 아니면 얍복 나루입니까? 벧엘에 있다면, 벧엘에서 얍복 나루로 가기 위해 필요한 경건의 습관을 정하고 구체적인 계획을 세워 봅시다.

2

나를 내려놓으니
주가 보였다

6

거절의 아픔, 주를 향한
환대의 찬송이 되다

창세기 29:1-36

미켈란젤로, 〈레아〉(1542년, 산 피에트로 인 빈콜리 성당)

◇

　　　　　그리스도인에게 있어 가장 아름다운 만남은 하나님을 만나는 것입니다. 그런 차원에서 볼 때, 야곱에게 있어 벧엘에서의 하나님과의 만남은 지금까지 그의 인생의 모든 만남 중에서 가장 멋지고도 아름다운 만남이었습니다. 하나님을 만난 그날 밤 야곱은 하나님으로부터 '내가 너와 함께할 것이며, 너를 지켜 줄 것이며, 너를 이끌어 줄 것이며, 너를 떠나지 않을 것'이라는 약속의 말씀을 받았기 때문입니다. 이때 야곱은 자신을 죽이려는 형 에서의 살기를 피해 도주하던 밤이었기에 하나님과의 만남이 너무나도 큰 힘이 되었을 것입니다. 그러니 외삼촌 라반이 살고 있는 하란까지 걸어가는 야곱의 발걸음은 이전보다 훨씬 가벼워졌을 것 같습니다.

　드디어 야곱이 한 달 이상의 여정을 마치고 외삼촌 라반이 살고 있는 하란 지방의 한 마을에 도착하게 되었습니다. 그 마을에 도착했을 때 야곱의 심중에는 형을 피해 멀리 도망해 왔다는 안도의 마음이 있었을 것이고, 동시에 부모님이 자신을 그곳에 보낸 목적대로 외삼촌 라반의 딸들 중에서 신붓감을 맞이하게 될 것이라는 설레는 마음도 있었을 것입니다. 당시 고대 사람들은 친척끼리 결혼하는 것을 선호했는데, 이는 친척끼리 결혼해야만 혈통의 순수함을 보존하고 가문의 가치관을 이어 갈 수 있다고 생각했기 때문입니다.

하란의 한 우물가에 도착한 야곱이 마을 주민들에게 자기 외삼촌 라반을 아는지를 물어봅니다. 그러자 주민들은 잠시 후 라반의 딸 라헬이 양들에게 물을 먹이기 위해 이곳 우물가로 온다는 소식을 알려 줍니다. 주민들의 말대로 잠시 후 라헬이 양 떼를 몰고 오는데, 이때 야곱이 라헬을 보는 순간 한눈에 반해 버리고 맙니다. 그 순간 야곱은 라헬에게 자신이 누구인지를 밝히고, 야곱이 누구인지를 알게 된 라헬은 아버지 라반에게로 달려가 이 소식을 전합니다. 그러자 소식을 듣고 달려온 라반이 야곱이 자신의 여동생 리브가의 아들임을 확인하고는 자신의 집에서 거주하게 합니다.

심은 대로 거두게 하시다

이제 시간이 좀 흘러, 야곱이 외삼촌 집에 온 지 한 달이 지나게 되었습니다. 이때 라반이 야곱에게 이런 제안을 합니다. "네가 비록 내 생질이나 어찌 그저 내 일을 하겠느냐 네 품삯을 어떻게 할지 내게 말하라"(창 29:15). 요즘의 시각으로 보면 조카에게 그냥 일을 시키지 않고 일당을 주겠다고 하니 참 괜찮은 삼촌으로 여겨집니다. 그러나 그 당시 관습에 의하면 이 상황은 다소 어색한 장면입니다. 당시 가족들은 노동에 대한 대가를 받지 않았기 때문입니다. 그런데 지금 라반이 혈육인 야곱에게 품삯을 주겠다고 제안한 것입니다.

그렇다면 라반의 의도는 무엇이었을까요? 이야기의 흐름 상 라반은 자신과 야곱의 관계를 외삼촌과 조카의 가족 관계가 아닌, 고용주와 고용인의 경제적 관계로 강등시키려 했던 것으로 보입니다. 그러니 지금 이 상황은 야곱의 입장에서 보면 상당히 언짢은 상황이 아닐 수 없습니다. 외삼촌이 자신을 조카로 생각한다면 자신이 온 목적대로 결혼시켜 새 가정을 시작할 수 있도록 도와주어야 하는데, 오히려 자신을 한낱 일꾼으로 치부하고 있기 때문입니다.

그런데 어이없게도 라반은 바로 그 점을 노렸습니다. 야곱이 자신의 딸 라헬에게 푹 빠져 있다는 것을 알고는 그가 어떤 제안을 해도 수용할 것임을 확신했기에 야곱에게 이런 노동을 제안한 것입니다. 그런데 정말 라반의 의도대로 야곱이 그 노동 제안을 수용했습니다. 심지어 이렇게까지 말합니다. "외삼촌이 라헬을 저에게 주겠다고 확답해 주시면 제가 7년 동안 무보수로 외삼촌 집에서 일하겠습니다." 그러자 이미 큰 계략을 그리고 있던 라반은 속으로 쾌재를 부르며 그렇게 하겠다고 약속합니다.

결국 그날 이후로 야곱은 오직 사랑하는 라헬을 얻기 위해 7년을 수고롭게 일하게 됩니다. 성경은 당시 라헬을 향한 야곱의 사랑의 강도가 어느 정도였는지를 이렇게 표현합니다. "야곱이 라헬을 위하여 칠 년 동안 라반을 섬겼으나 그를 사랑하는 까닭에 칠 년을 며칠같이 여겼더라"(창 29:20). 이것이 '사랑의 힘'인 것 같습니다. 야곱은 외삼촌 집에서 머슴처럼 일했던 그 7년의 세월을 며칠처럼 여겼을 정도로 라헬을 사랑했습니다.

2008년, 영국의 리서치 전문 사이트인 'OnePoll'에서 5,000명의 커플들을 대상으로 설문 조사한 결과를 발표했습니다. 그것은 결혼한 부부들이 서로에게 가지는 로맨틱한 감정의 지속 기간이 2년 6개월 25일이라는 것입니다. 대략 그즈음 되면 남자든 여자든 감정적인 설렘이나 흥분은 점점 사라지고 상대에게 소홀해진다는 것입니다. 그런데 야곱은 7년이라는 세월을 불과 며칠처럼 여겼을 정도니, 야곱의 라헬을 향한 일편단심이 대단했음을 짐작할 수 있습니다.

마침내 기약한 7년의 세월이 다 찼습니다. 그러자 라반은 마을 사람들을 모아 놓고 성대한 결혼 잔치를 베풀었습니다. 성경에 기록된 정황으로 볼 때, 아마도 신랑인 야곱은 손님들을 맞으면서 코가 삐뚤어지도록 술을 마신 것 같습니다.

드디어 신혼 첫날밤이 되었습니다. 하지만 야곱은 술에 취해 곯아떨어진 것 같습니다. 그런데 이때, 라반이 라헬 대신 언니 레아를 신방(新房)에 슬쩍 들여놓습니다. 그리고 아침에 일어나 이 황당한 상황을 접하게 된 야곱이 라반에게 찾아가 왜 자신을 속였느냐며 항의합니다. 그러나 산전수전, 공중전을 다 겪은 라반을 이길 수는 없었습니다. 라반이 항의하는 야곱에게 '우리 지방에서는 언니보다 동생을 먼저 시집보내는 법이 없기 때문에 어쩔 수가 없었다'고 말하며 능글맞게 빠져나갑니다. 그러면서 라반은 다시 머리를 굴려 야곱에게 또 하나의 제안을 던집니다. 지금부터 7년을 더 일하겠다고 약조하면 약조한 그날부터 일주일 후에 라헬을 주겠다는 것입니다. 야곱은 라반에게 속은 것이 너무나도 억울했지만, 사랑하는 라헬을 얻기 위해 이 제안을 받아들이게 됩니다. 결국 7년을 더 일해 주기로 약조한 야곱은 드디어 일주일 후에 라헬을 아내로 맞아들이게 됩니다. 그리고 라반은 두 딸을 이용해 야곱을 무려 14년 동안 머슴처럼 부려먹을 수 있게 되었습니다.

야곱이 지난 70여 년의 인생 동안 어떠한 삶을 살아왔습니까? 자신의 이익을 위해서라면 형도, 아버지도 속일 정도로 사람을 등치는 데 일가견이 있는 삶을 살아왔습니다. 심지어 벧엘에서 하나님과도 거래하고 협상할 정도였으니 두말해 무엇 하겠습니까? 그런데 남의 등을 치며 살아왔던 야곱이 드디어 임자를 만났습니다. 자기보다 더하면 더했지 덜하지 않은 외삼촌 라반에게 당하게 된 것입니다. "뛰는 놈 위에 나는 놈 있다"는 말이 딱 이런 상황인 것 같습니다.

저는 야곱이 라반에게 당한 이 사건을 보면서 '이게 심은 대로 거두게 하신다는 하나님의 원리구나!'라는 생각이 들었습니다. 야곱이 라반에게 속수무책으로 당하고 있는 일련의 모든 일들이 과거 그가 아버지와 형에게 거짓과 속임수를 심었던 결과로 보였습니다. 말 그대로 심은 대로 거둔 것입니다.

심은 대로 거둔다는 것은 만고불변의 법칙입니다. 그럼에도 불구하고 사람들은 어리석은 행동을 합니다. 콩을 심어 놓고 팥을 기대한다든지, 심지어 심지도 않았으면서 '어떻게든 되겠지' 하며 열매를 기대하기까지 합니다. 사도 바울은 그런 자들을 향해 이렇게 말합니다. "스스로 속이지 말라 하나님은 업신여김을 받지 아니하시나니 사람이 무엇으로 심든지 그대로 거두리라"(갈 6:7). 사람이 무엇을 심든지 그대로 거둔다는 이 만고불변의 진리를 무시하지 말라는 것입니다. 만약 무시한다면, 그것은 자신을 속이는 일일뿐더러 하나님을 조롱하고 업신여기는 일이라고 경고합니다.

잊지 마십시오. 거짓과 속임수를 심었던 야곱은 그대로 속임을 당했습니다. 당신은 삶의 자리에 어떤 씨앗을 심고 있습니까? 특별히 가족의 가슴에, 당신이 만나는 사람의 가슴에 어떤 씨앗을 파종하고 있습니까? 사랑과 배려, 희망과 긍정의 씨앗을 심고 있습니까, 아니면 미움과 증오, 절망과 부정의 씨앗을 심고 있습니까? 우리는 야곱의 이야기를 통해 스스로를 돌아볼 필요가 있습니다.

우리는 특별히 우리 입에서 나가는 '말'이 다시 돌아온다는 사실을 유념해야 합니다. 인간의 말은 마치 강물을 거슬러 오르는 연어처럼 자신이 태어난 곳으로 되돌아가려는 귀소본능을 지니고 있기 때문입니다. 그렇기에 입에서 태어난 말은 입 밖으로 나오는 순간 그냥 흩어지지 않습니다. 돌고 돌아 어느새 그 말을 내뱉은 사람의 귀와 몸으로 되돌아오기 마련입니다. 그렇기에 내가 누군가를 향해 '사랑과 배려, 희망과 긍정의 말'을 파종했다면 그 말들은 다시 돌아와 나를 세우지만, '미움과 증오, 절망과 부정의 말'을 파종했다면 그 말들은 다시 돌아와 나를 어렵게 만듭니다. '사람이 무엇으로 심든지 그대로 거둔다'는 하나님의 말씀을 마음에 새겨 주변 사람들에게 '사랑과 배려의 씨앗, 희망과 긍정의 씨앗'을 파종하는 축복의 사람이 되십시오.

거절의 아픔을 찬양으로 바꾸시다

야곱이 마주치고 있는 이 억울한 상황들은 외삼촌 라반의 계략이기도 했지만, 실은 야곱이 라헬을 사랑하기 때문에 감수하고 있는 상황이기도 합니다. 성경은 그때의 상황을 이렇게 설명합니다. "야곱이 또한 라헬에게로 들어갔고 그가 레아보다 라헬을 더 사랑하여 다시 칠 년 동안 라반을 섬겼더라"(창 29:30). 성경은 야곱이 '레아보다 라헬을 더 사랑하였다'고 말씀합니다. 문자대로만 본다면 야곱은 레아도 사랑했다는 것입니다. 그러나 라헬을 더 사랑했고, 그녀에게 더 마음이 쏠렸다는 것입니다.

바로 이 지점입니다. 가장 기분이 상하는 순간은 비교를 당할 때입니다. 그러니 거절당한 레아의 입장에서는 비교를 당하고 있는 이 상황이 견딜 수 없었을 것입니다. 분명 가슴에 피멍이 드는 아픔이었을 것이며, 그로 인해 질투심이나 복수심도 발동되었을 것입니다. 아마 거절당한 경험이 있는 사람이라면 레아의 이 짙은 삶의 그늘을 이해할 것입니다.

그런데 감사한 것은, 하나님께서 레아의 그 쓰라린 아픔을 헤아리고 계셨다는 사실입니다. 야곱이 라헬에게 마음을 쏟는 동안 하나님께서는 거절의 아픔으로 가슴에 피멍이 든 레아를 챙기고 계셨습니다.

"여호와께서 레아가 사랑받지 못함을 보시고 그의 태를 여셨으나 라헬은 자녀가 없었더라"(창 29:31).

이는 무엇을 말합니까? 야곱은 레아를 쳐다보지도 않고 그녀에게 관심조차 주지 않았을지라도 하나님은 레아를 바라보며 그녀에게 관심을 갖고 계셨다는 것입니다.

그렇습니다. 하나님은 거절당한 이에게, 소홀히 여김을

받고 있는 이에게, 삶의 그늘진 곳에 머무는 이에게 관심을 갖고 계십니다. 하나님께서 애굽에서 노예 생활하고 있던 이스라엘 백성을 건져 내기 위해 모세를 지목하셨던 상황을 떠올려 보십시오. 그때 하나님은 모세에게 나타나 이렇게 말씀하셨습니다. "여호와께서 이르시되 내가 애굽에 있는 내 백성의 고통을 분명히 보고 그들이 그들의 감독자로 말미암아 부르짖음을 듣고 그 근심을 알고"(출 3:7).

하나님은 고통당하는 자들(거절당한 자들)의 괴로움을 보고 계셨습니다. 소홀이 여김을 받고 있는 자들의 작은 신음 소리까지도 듣고 계셨습니다. 삶의 그늘진 곳에 머물던 자들의 염려와 근심을 알고 계셨습니다. 바로 그 하나님께서 거절의 고통으로 가슴에 피멍이 든 레아의 신음 소리를 듣고 태의 문을 열어 주신 것입니다. 그것도 연달아 임신을 하게해 네 명의 아들을 낳게 하셨습니다.

레아는 맏아들을 낳고 그 이름을 '르우벤'이라 불렀습니다(창 29:32). 이는 '보라 아들이다'라는 의미입니다. 하나님께서 거절당한 자신의 괴로움을 보고 아들을 주셨다는 것입니다. 이후 레아는 둘째를 낳고 그 이름을 '시므온'이라 불렀습니다(창 29:33). 이는 '듣다'라는 의미입니다. 하나님께서 거절당한 자신의 신음 소리를 들으셨다는 것입니다. 레아가 또

다시 임신을 해서 셋째 아들을 낳고 그 이름을 '레위'라 불렀습니다(창 29:34). 이는 '연합하다'라는 의미입니다. 이제 남편 야곱이 자신의 진면목을 알게 되어 자신과 연합하게 될 것이라며 그 소원을 담아 이름을 지은 것입니다.

그러고 보면 '르우벤, 시므온, 레위'는 거절당한 자의 피멍과 염원이 담긴 이름이었던 셈입니다. 레아의 입장에서 보면 남편 야곱에게 자신을 보아 달라고, 자신의 말을 들어 달라고, 자신을 알아 달라고 외치고 있는 것입니다. 그 상처가 얼마나 컸을까요? 사실 거절당한 상처가 클수록 자기도 모르는 사이에 자라난 내면의 쓴 뿌리가 있습니다. 그런데 놀라운 것은, 거절당한 이를 결코 외면하지 않으시는 하나님의 따뜻한 사랑과 관심으로 인해 레아의 내면에 자리 잡고 있던 '쓴 뿌리들'이 하나씩, 하나씩 뽑히게 되었다는 사실입니다.

보십시오. 레아가 또다시 임신을 했습니다. 레아는 넷째를 낳고 그 이름을 '유다'라 불렀습니다(창 29:35). 그 뜻은 '찬송하다'라는 의미입니다. 그동안 거절당한 아픔으로 인해 늘 탄식만 하던 레아가 이제 하나님의 사랑과 관심 속에서 찬양하게 된 것입니다. 그야말로 쓰라린 눈물이 기쁨의 찬양으로 바뀌게 된 것입니다. 전날의 한숨이 변하여 환희의 노래가 된 것입니다. 그렇습니다. 하나님은 레아의 쓰라린 마음을 만지고 치유해 주셨습니다. 그러고는 마침내 그녀를 찬양하는 여인으로 바꾸어 놓으셨습니다. 심지어 레아의 후손들을 통해 이스라엘 역사상 위대한 인물들을 배출하도록 하셨습니다. 레위 지파를 통해서는 모세와 아론을 비롯한 제사장 가문이 배출되게 하셨고, 유다 지파를 통해서는 다윗 왕가를 배출시키셨고, 바로 그 가문을 통해 만왕의 왕이신 예수님을 오게 하셨습니다.

지금 혹시 레아처럼 거절당한 아픔에 탄식하며 남몰래 눈물 흘리고 있다면 잊지 마십시오. 하나님은 당신의 탄식과 아픔을 보고, 듣고, 알고 계십니다. 무엇보다 바로 그 하나님께서 당신과 당신의 후손을 향한 놀라운 계획을 가지고 계시다는 것을 믿으십시오. 그 믿음으로 나아갈 때, 하나님은 전날의 한숨 섞인 탄식을 반드시 기쁨의 찬송으로 역전시키실 것입니다.

1. 당신의 삶에서 심은 대로 거둔 것에 대한 긍정적인 경험과 부정적
   인 경험을 한 가지씩 나누어 봅시다.

2. 말로 누군가에게 위로를 받았거나 누군가를 위로한 경험이 있습
   니까? 그 말은 무엇이며 그때의 감정은 어떠했습니까?

3. 당신 안에 있는 쓴 뿌리는 무엇입니까? 하나님은 그것을 어떻게
   해결해 주셨습니까?

7

기도는 인생의 수치를
빛나는 가치로 만든다

창세기 30:1-24

단테이 게이브리얼, 〈레아와 라헬의 환상〉(1855년, 테이트 브리튼 미술관)

◇

　　　몇 해 전, 미국 여론 조사 기관인 '퓨 리서치 센터'(Pew Research Center)가 두 번에 걸쳐 한국을 포함한 전 세계 17개 선진국 성인 18,850명을 대상으로 설문 조사를 실시했습니다. 특별히 이 설문 조사 중에 '삶에서 가장 가치 있게 생각하는 것이 무엇이냐?'는 질문이 있었는데, 17개국 중 무려 14개국에서 '가족'이 삶에서 가장 중요한 가치라고 답했습니다. 눈에 띄는 것은, 한국인만이 '물질적 행복'을 최고의 가치로 내세운 유일한 나라였다는 것입니다. 사실 그전까지만 해도 '행복한 가정을 이루는 것'이 1위였고, 그다음이 '건강', 그다음이 '돈과 명성'이었다고 합니다. 그런데 가족과 돈의 가치가 뒤집히게 된 것입니다. 뜻밖의 결과가 아닐 수 없습니다. 그만큼 우리의 삶이 황량하고 삭막하다는 의미일 것입니다.

　그럼에도 불구하고 세상에서 가장 따뜻한 이름 '엄마', 세상에서 가장 든든한 이름 '아빠', 세상에서 가장 다정한 이름 '언니, 오빠, 누나, 형, 동생'이 있는 가족은 너무나도 소중합니다. 우리네 세상살이가 아무리 힘겹고 고단하다 할지라도, 가족이 토닥토닥 다독여 주면 다시 일어설 수 있기 때문입니다. 우리는 다시금 소중한 가족 관계에 금이 가지 않도록 하기 위해 우리의 가족 공동체를 더욱 굳건히 세워 가야 할 것입니다.

그런 차원에서 야곱의 가정은 우리의 가족 관계가 이러면 안 된다는 반면교사 역할을 합니다. 야곱의 가정을 통해 깨닫게 되는 반면적 교훈은 무엇일까요?

시기심을 다스려야 한다

창세기 30장에 기록된 내용은 야곱의 두 아내인 레아와 라헬, 곧 언니와 동생 사이에 발발한 자식 낳기 전쟁을 보는 듯합니다. 야곱이 라헬에게 온 마음을 쏟고 있을 때 레아는 거절의 아픔으로 가슴에 피멍이 맺히고 있었습니다. 그때 하나님께서 레아가 사랑받지 못함을 보고 그녀의 태의 문을 열어 주셨습니다(창 29:31). 그것도 연달아 임신하게 해 '르우벤,

시므온, 레위, 유다' 네 명의 아들을 낳게 하셨습니다.

그러자 아이를 낳고 싶어도 되지 않는 라헬이 자신의 처지를 비관하면서 야곱에게 투정을 부립니다. "내게 자식을 낳게 하라 그렇지 아니하면 내가 죽겠노라"(창 30:1). 사실 라헬은 자신이 불임인 이유가 남편 야곱 때문이 아님을 알고 있었습니다. 그럼에도 불구하고 언니를 시기하는 마음이 너무도 커 남편에게 협박성 투정을 부리고 있는 것입니다. 그러니 야곱의 입장에서는 황당하기 그지없습니다. 자신의 능력으로 해결할 수 있는 일이 아니기 때문입니다. 문제는, 야곱이 라헬의 속상함을 이해하고 따뜻하게 품어 주었으면 좋았을 텐데 버럭 화를 내 버린 것입니다(창 30:2).

그렇습니다. 야곱이 순간 버럭 했습니다. 그러면서 라헬이 임신하지 못하는 것은 자기 때문이 아니라 하나님 때문이라며 그 원인을 하나님께로 돌렸습니다. 사실 야곱은 '생명은 하나님께서 주셔야만 얻을 수 있는 것'이라며 라헬에게 정답을 말했습니다. 그러면서 자신에게는 책임이 없다는 것을 돌려서 말한 것입니다. 그런데 야곱이 라헬에게 어떤 사람이었습니까? 라헬을 얻기 위해 7년을 며칠같이 여기며 아버지 라반의 집에서 머슴살이를 자청할 정도로 그녀를 끔찍이도 아끼고 사랑한 로맨틱 가이가 아닙니까? 그런데 그랬던 '로맨틱 가이 야곱'이 지금 '버럭 야곱'이 되어 버렸습니다. 아마 예전의 야곱이라면 속상해하는 라헬을 따뜻하게 품으며 위로해 주었을 것입니다. 그런데 야곱이 자신은 정답을 안다면서 감히 열 받은 아내에게 대꾸를 한 것입니다.

개인적으로 20년이라는 짧은 결혼 생활을 해 오면서 깨닫게 된 것이 있습니다. '아내가 투정을 부리거나 화를 내면 가만히 있어야 된다. 괜히 대꾸했다가는 더 큰 사달이 난다. 그저 공감만 해 주자. 그랬구나! 얼마나 힘드니? 이렇게만 하자.' 그런데 이렇게 굳은 결단을 하다가도 그 순간을 못 참고 해결책을 제시해 주려다 망할 때가 한두 번이 아닙니다. 나중에 알게 된 것은, 아내는 저에게 해결책을 제시받고 싶은 것이 아니라, 그저 남편이 자신의 속상한 얘기를 듣고 공감해 주기만을 원했다는 사실입니다. 사실 해결책은 아내도 이미 다 알고 있습니다. 심지어 그 대안까지 가지고 있습니다.

라헬이 그러했습니다. 그녀는 대안을 가지고 있었습니다. 그것이 무엇입니까? 당시 고대 근동 사회에서 일반적이었던 '대리모 제도'를 활용하겠다는 것입니다. 그래서 라헬은 자신의 여종 빌하를 야곱에게 들여보내어 자신도 자식을 얻겠노라고 대안을 제시합니다(창 30:3). 결국 라헬은 시녀 빌하의 몸을 통해 아들 둘을 얻게 됩니다. 그러고는 두 아들의 이름을 '단'과 '납달리'라고 지었습니다. 그런데 황당한 것은, 그 두 아들의 이름에 모두 자신의 한(恨)이 들어가도록 했다는 것입니다.

> "라헬이 이르되 하나님이 내 억울함을 푸시려고 내 호소를 들으사 내게 아들을 주셨다 하고 이로 말미암아 그의 이름을 단이라 하였으며 … 라헬이 이르되 내가 언니와 크게 경쟁하여 이겼다 하고 그의 이름을 납달리라 하였더라"(창 30:6, 8).

보통 자식의 이름은 최고의 축복을 담아 짓는 것이 일반적인데, 라헬은 자식의 이름을 자신의 한이 스며들도록 지었습니다. 이유는 오직 하나, 다분히 언니 레아를 의식했기 때문입니다. 언니를 시기하고 질투했기 때문입니다. 만약 이 두 아들을 진짜 자기 자식으로 생각했다면 이런 이름을 지어 줄 수 있었을까요? 이런 차원에서 볼 때, 라헬에게 있어 이 두 아들은 그저 언니에게 본때를 보여 주고 싶은 도구였을 뿐입니다.

지금까지의 상황으로 미루어 볼 때 라헬의 내면 상태가 어떠합니까? 굉장히 불안해 보입니다. 아니, 너무 안쓰럽고 초라해 보이기까지 합니다. 입 밖으로는 자신이 경쟁에서 이 겼다고 외치고 있지만, 그 내면은 전혀 만족함이 없기 때문 입니다. 오히려 언니와 비교하면 할수록 자신이 더 열등해 보일 뿐입니다. 그래서 더욱 화가 나고 미칠 지경입니다. 어쩌다가 라헬이 이 지경까지 오게 된 것일까요? 시기심 때문 입니다. 언니를 향한 질투심 때문입니다. 라헬은 언니를 향한 시기심과 질투심을 다스리지 못해 그의 내면이 상할 대로 상해 있습니다.

미국 예일대학의 심리학 교수인 살로비(P. Salovey) 박사는, 미국 범죄의 20퍼센트가 '시기와 질투 때문에 생겼다'는 연구 결과를 발표한 적이 있습니다. 무엇을 말하는 것입니까? 시기심이 발동되면 그만큼 모든 관계가 파괴된다는 것입니다. 심지어 시기심이 악화되면 시기의 대상을 죽이고 싶은 살인의 마음까지 들 정도라는 것입니다.

요셉을 시기했던 '형들'을 보십시오. 다윗을 시기했던 '사울 왕'을 보십시오. 시기심을 다스리지 못했던 요셉의 형들은 요셉을 구덩이에 파묻어 죽이려 했고, 시기심의 노예가 된 사울 왕은 국정 전반을 다윗을 죽이려는 데 소진해 버렸습니다(원한 정치). 주목할 것은, 사울이 시기심에 사로잡힌 순간부터 그에게 악령이 내리게 되었다는 사실입니다(삼상

18:10a). 시기심의 노예가 되니 악령에 사로잡히게 되었고, 악령에 사로잡히니 이성적 사유가 작동되지 않아 정서적(영적)으로 죽어 가게 된 것입니다. 뿐만 아니라, 시기심은 육체적으로도 우리의 몸을 썩히고 죽게 합니다(잠 14:30). 시기심이 이렇게나 무섭습니다.

다행인 것은, 아직까지 라헬의 시기심은 언니를 죽이고 싶을 정도까지는 아니었다는 것입니다. 그럼에도 불구하고 라헬의 내면과 육신은 언니를 향한 시기심으로 인해 서서히 썩어 가고 있었습니다. 솔직히 우리 안에도 누군가를 향한 시기심이 작동될 때가 참 많습니다. 이 시기심만 내려놓아도 인생이 좀 편안해질 텐데, 때로는 그 굴레에서 벗어나지 못한 채 스스로도 죽이고 주변 사람들도 지옥으로 만들어 버릴 때가 있습니다. 지금 시기심으로 인한 열등감의 포로가 된 라헬의 모습이 딱 그렇습니다.

우리는 순간순간 찾아오는 시기심과 질투심을 잘 다스려 내면과 육체가 더욱 튼실하고 견고해지게 해야 합니다. 특별히 가족 간에 내면과 뼈를 썩게 만드는 시기심과 질투심이 사라지게 해야 합니다.

하나님 한 분이면 충분하다

레아와 라헬의 자식 전쟁이 계속 이어지고 있습니다. 특별히 라헬의 도발에 아무래도 레아가 자극을 받은 것 같습니다. 그래서 레아도 자기의 시녀인 실바를 야곱에게 들여보내기로 합니다. 레아도 대리모를 쓴 것입니다. 결국 이렇게 해서 레아도 '갓'과 '아셀'이라는 두 아들을 또 얻게 됩니다 (창 30:10-13).

이런 상황 속에서 한 사건이 발생하게 되었습니다. 일명 '합환채 사건'입니다. 어느덧 소년으로 장성하게 된 레아의 첫째 아들 르우벤이 들에 나갔다가 그 귀하다는 약초인 '합환채'(合歡菜, mandrake)를 발견하게 되었습니다. 합환채는 당시 고대 근동 사람들에게 남자들의 정력제나 여자들의 불임 치료제로 잘 알려진 식물이었습니다. 특별히 그 뿌리가 두 사람이 합해 있는 모습으로 되어 있어 합환채라는 이름이 붙여졌습니다. 그런데 소년 르우벤이 합환채의 효능을 알고는 그것을 어머니 레아에게 가져다주었습니다. 이것은 당시 르우벤이 어머니 레아와 작은 어머니 라헬이 자식 때문에 싸우고 있다는 것을 알고 있었다는 것입니다. 르우벤 입장에서는 어머니가 이기기를 바랐기에 그러기 위해서는 자식이 더 필요하다는 것을 알고는 합환채를 가져다준 것입니다.

그런데 이 소식을 라헬이 어떻게 알았는지 언니를 찾아와 합환채를 요구합니다(창 30:14). 그러자 동생의 요구에 레아가 분노를 쏟아 냅니다(창 30:15a). 우리는 그동안 레아가 받아 온 마음의 상처가 굉장히 컸다는 사실을 잘 알기에 지금 라헬에게 쏟아 내는 레아의 마음이 어느 정도는 이해가 됩니다. 그럼에도 불구하고 레아가 언니로서 아이를 낳지 못하는 동생을 불쌍히 여겨 합환채를 줬다면 얼마나 좋았을까 하는 아쉬움이 남기도 합니다. 아무튼 언니 레아의 반응을 보니 합환채를 줄 마음이 없어 보이자 라헬이 언니에게 조건을 겁니다. 합환채와 남편 야곱과의 잠자리를 교환하자고 제안한 것입니다(창 30:15b). 아마 당시 야곱은 오랫동안 레아의 침실에는 얼씬도 하지 않았던 것으로 추정됩니다. 결국 레아는 그 합환채로 야곱과의 잠자리를 사게 되었고, 라헬은 합환채를 손에 쥐게 되었습니다.

솔직히 야곱의 입장에서 보면 합환채로 자신과의 잠자리를 산 레아의 요청이 못마땅했겠지만 거절할 수도 없었을 것입니다. 왜냐하면 본인도 예전에 팥죽으로 형의 장자권을 샀던 경험이 있기 때문입니다. 결국 야곱이 레아와 동침하게 되었습니다. 그런데 이게 무슨 일인지, 정작 임신은 합환채를 가져간 라헬이 아니라 합환채를 내어 준 레아가 하게 되었습니다. 그것도 지난번 임신과 비슷하게 세 번 연달아 아이가 들어섰습니다. 그 결과 레아는 '잇사갈'과 '스불론'이라는 두 아들과 딸 '디나'를 출산하게 되었습니다(창 30:17-21).

그렇다면 합환채를 가져간 라헬이 아닌 합환채를 내어 준 레아가 임신한 사실을 통해 성경이 우리에게 말씀하는 것은 무엇이겠습니까? 장자권이 팥죽으로 얻어지는 것이 아니듯, 인간의 생명 역시 합환채(인간적인 방법)로 얻어지는 것이 아니라는 것입니다. 다시 말하면, 장자권이 하나님의 주권에 속해 있듯, 인간의 생명 역시 하나님의 손에 있다는 것입니다. 그런데 라헬은 '합환채'라는 인간적인 방법을 동원해 생명을 얻으려 했던 것입니다.

보십시오. 레아는 자신의 몸을 통해 여섯 명의 아들(르우벤, 시므온, 레위, 유다, 잇사갈, 스불론)과 딸 디나를 낳았습니다. 그리고 그녀의 시녀인 실바를 통해서도 두 명의 아들(갓, 아셀)을 갖게 되었습니다. 반면 라헬은 어떻습니까? 그녀의 시녀인 빌하를 통해 두 명의 아들(단, 납달리)만을 얻었을 뿐, 그렇게 자식을 갖고 싶어 했지만 도통 임신이 되지 않고 있는 상황입니다. 그러니 이때 라헬의 마음이 어떠했을까요? 앞서 야곱에게 말했듯이 정말 죽고 싶었을 것입니다. 그런데 드디어 라헬에게도 태의 문이 열리게 되었습니다.

"하나님이 라헬을 생각하신지라 하나님이 그의 소원을 들
으시고 그의 태를 여셨으므로 그가 임신하여 아들을 낳
고"(창 30:22-23a).

중요한 것은, 라헬이 '합환채'라는 인간적인 방법을 동원
하고자 할 때조차도 하나님께서는 여전히 라헬을 생각하고
계셨다는 것입니다. 더 중요한 것은, 하나님께서 라헬을 기
다리고 계셨다는 것입니다. 라헬이 그 인간적인 방법을 다
내려놓고 당신을 철저히 의지할 때까지 말입니다.

그렇다면 라헬이 인간적인 방법을 내려놓게 된 것일까요?
창세기 30장 22절에 기록된 '하나님이 그의 소원을 들으시
고 그의 태를 여셨다'는 말씀으로 보건대, 드디어 라헬이 인
간적인 방법을 내려놓고 하나님을 철저히 의지하며 기도한
것으로 보입니다. 그렇습니다. 결국 라헬이 하나님만이 자
신의 태를 열 수 있는 분이요, 생명을 주관하시는 분임을 인
정하게 된 것입니다. 그 어떤 인간적인 방법보다도 하나님
한 분이면 충분하다는 사실을 깨닫게 된 것입니다.

잊지 말아야 할 것은, 하나님은 우리가 이 진리를 붙잡기

를 원하신다는 것입니다. 어떤 진리입니까? 하나님보다 더 의지하고 있는 삶의 합환채가 있다면 그것들을 내려놓아야 한다는 진리 그리고 그렇기에 우리의 삶에 하나님 한 분이면 충분하다는 진리입니다. 우리의 가정 안에서 근본적으로 회복되어야 할 신앙이 바로 이것이 아닐까요?

혹시 하나님보다 더 의지하고 있는 삶의 합환채(내가 주인 삼고 있는 것들)가 있다면 그것들을 과감히 내려놓고 하나님만을 철저히 의지하며 그분께 간구해야 합니다. 바로 그때, 라헬의 소원을 듣고 그녀의 태의 문을 여신 하나님께서 우리의 소원 역시 듣고 우리의 인생길을 활짝 열어 가실 것입니다.

순간순간 급습해 오는 시기심과 질투심을 잘 다스려 내면의 안정감을 누릴 뿐 아니라 육신의 뼈조차도 썩지 않는 튼실한 그리스도인이 되십시오. 동시에 하나님보다 더 의지하고 있는 삶의 합환채가 있다면 과감히 내려놓고 '하나님 한 분이면 충분하다'는 믿음으로 하나님을 철저히 의지하십시오. 그럴 때 새 길을 만들고 기적의 문을 열어 주시는 하나님의 신적 개입을 체험할 수 있게 될 것입니다.

1. 당신은 어떤 경우에(혹은 어떤 상황에서, 어떤 사람에게) 시기와 질투를 느낍니까?

2. 인간의 생명이 하나님의 손에 달려 있음을 깨달은 적이 있다면 언제입니까?

3. 하나님보다 더 의지하고 있는 삶의 합환채(내가 주인 삼고 있는 것들)가 있다면 무엇입니까?

8

불가능을 가능케 하는
신적 개입을 사모하라

창세기 30:25-43

후세페 데 리베라, 〈야곱과 라반의 양 떼〉(1634년, 엘 에스코리알 궁전)

◇

　　　개인이건 가정이건, 또한 기업이건 교회건
세월의 흐름 속에서 새로운 전환점을 맞이하는 시기가 있습
니다. 물론 그 전환의 때를 잘 분별해서 미래를 향해 한 단계
더 도약하는 사람과 공동체가 있는 반면, 그 전환의 시기를
무시하거나 인식하지 못해 도리어 도태하는 사람과 공동체
도 있습니다.

　1888년에 설립된 '코닥'(Kodak)이라는 사진 전문 기업이
있습니다. 이 회사는 아날로그 사진기용 필름과 관련 상품
들을 판매해서 20세기 동안 엄청난 수익을 올렸습니다. 그
런데 이 거대한 회사가 파산 신청을 한 후 몰락하게 되었습
니다. 코닥의 몰락 원인을 쉽게 단정할 수는 없겠지만, 많은
경제학자의 중론은 당시 사진 기술의 축의 전환이라 할 수
있었던 디지털 촬영 기술을 코닥이 무시했기 때문이라는 것
입니다. 물론 1990년대에 접어들면서 코닥의 기술진 역시

디지털 촬영의 엄청난 가능성을 인식은 했다고 합니다. 그런데 주력 상품인 필름 시장이 잠식을 당할까 봐 주저주저하다가 새로운 전환에 대한 결단을 내리지 못해 디지털 시장의 확산과 속도에 맥을 못 추다가 끝내 2012년에 파산 신청을 하게 되었습니다.

사실 우리도 인생을 살다 보면 세월의 흐름 속에서 크고 작은 결단을 해야 할 시점들이 있습니다. 이때 어떤 사람은 전환의 시기에 어영부영 결단을 망설이다 나중에 되어서야 땅을 치며 후회하는가 하면, 어떤 사람은 전환의 시기를 잘 인식해서 단호한 결단을 통해 인생의 새로운 전기를 맞이하기도 합니다. 당신은 어느 쪽입니까?

물론 그리스도인은 모든 결단의 과정에 '하나님의 신적 개입'이 있기를 늘 사모하며 기도해야 합니다. 마치 아브라함이 갈대아 우르 지방을 떠나 가나안 땅으로 갈 것을 결단했을 때, 모세가 출애굽의 지도자가 될 것을 순종함으로 결단했을 때 하나님의 신적 개입을 통해 인생의 대전환을 맞이했듯이 말입니다. 우리는 삶의 자리마다 '하나님의 신적 개입'이 있기를 사모하며 인생의 새로운 전환점에 대한 기대를 꿈꿀 수 있어야 합니다.

라반의 제안과 야곱의 역제안

라헬이 요셉을 낳을 무렵, 야곱이 외삼촌 라반에게 고향으로 돌아가고 싶다는 뜻을 밝힙니다. 그동안 야곱은 무려 20년간 외삼촌 라반의 집에서 머슴살이도 마다하지 않고 살아왔습니다. 그런 야곱이 드디어 고향으로 돌아갈 것을 결단한 것입니다. 아마도 귀향 결단의 결정적 계기는 그렇게 기다리고 기다리던 아내 라헬이 임신하여 요셉을 낳았기 때문인 것으로 보입니다. 그도 그럴 것이, 야곱의 입장에서는 본인이 이곳 메소포타미아 하란 지방까지 오게 된 이유가 물론 형 에서의 무서운 살기를 피해 도피한 차원도 있었지만, 실은 이곳에서 부모님이 원하시는 배우자를 만나 그 아내를 통해 자녀를 낳는 것이 목적이었기에, 이제 그 본연의 목적을 이루게 되자 귀향에 대한 결단을 하게 된 것으로 보입니다.

그런데 야곱이 귀향을 결단함에 있어서 가장 중요하게 작동했던 것은 다름 아닌 하나님의 약속의 말씀이었습니다. 야곱의 삶을 추적해 볼 때, 그는 20여 년 전 벧엘에서 받았던 하나님의 약속의 말씀을 잊지 않고 살아온 것으로 보입니다. 자신을 고향으로 돌아가게 할 것이라는 하나님의 귀향 약속을 기억하고 있었던 것 같습니다(창 28:15). 그러다가 사랑하는 아내 라헬을 통해 요셉이 태어난 것을 보고는 지금이 하나님이 약속하신 귀향의 때, 다시 말해, 지금이 바로 삶의 전환점의 시기임을 인식하고는 단호한 결단을 내린 것입니다.

그런데 문제는 외삼촌 라반이 고향에 가지 못하도록 야곱을 잡아 두려고 하는 것입니다. 이유는, 야곱이 들어온 이후로 자신의 재산이 크게 증식되었기 때문입니다. 이것은 야곱 스스로도 인정했던 내용입니다(창 30:30a). 하나님은 20여 년 전 벧엘에서 약속하신 대로 야곱과 함께하면서 그를 지키고, 인도하고, 떠나지 않음으로 그의 발이 이르는 곳마다 그리고 그가 손을 대는 것마다 풍성한 복이 임하게 하셨던 것입니다. 그야말로 야곱은 축복의 통로였습니다.

그리스도인의 삶이 이와 같아야 합니다. 그가 속한 가정과 일터에 이런 복이 임해야 합니다. 그의 발이 이르고 그의 손이 닿는 모든 곳에 하나님께서 개입해 복을 주실 수 있어야 합니다. 그러므로 매 순간 하나님의 신적 개입을 사모하십시오. 특별히 삶의 중대한 전환의 시기에 무엇인가를 결단할 때 하나님의 신적 개입을 사모하십시오. 하나님이 역사하실 것입니다.

야곱은 이 풍요로운 복이 이제 자신에게도 임하기를 원합니다. 자신이 축복의 통로로 외삼촌을 복되게 했으니, 이제 자신에게도 이와 같은 복이 임하기를 원하는 것입니다. 그런데 문제는 외삼촌 라반이 자신을 놓아 주지 않으려 한다는 것입니다. 그래서 그는 라반에게 한탄하며 말했습니다. "[삼촌] 나는 언제나 내 집을 세우리이까"(창 30:30b).

당신은 야곱의 이 호소가 어떻게 들립니까? 저는 왜 그런지 이 호소가 마치 요즘 청년들의 자조 섞인 외침으로 들립니다. '저희 세대는 어느 세월에나 번듯한 집 한 채 가질 수 있을까요?' 부모처럼 살기는 싫지만 부모만큼 집 한 채도 갖기 어려운 청년 세대들은 넋두리처럼 말합니다. '이생망.' 무슨 말입니까? '이번 생은 망했어'라는 것입니다. 삶이 얼마나 막막하면 이런 표현까지 쓸까 싶습니다. 솔직히 그 심정을 이해 못하는 것은 아니지만, 그래도 청년들에게 들려주고 싶은 말이 있습니다. '아직 안 망했다. 하나님의 사람들의 흥망성쇠는 하나님의 손에 있다'는 것을 청년들이 꼭 알았으면 좋겠습니다.

적어도 야곱은, 하나님의 사람의 흥망성쇠는 하나님의 손에 있다는 사실을 알고 있었습니다. 그래서 벧엘에서 받았던 그 약속의 말씀을 붙잡고는 외삼촌 라반의 제안에 도리어 역제안을 했습니다. 그렇다면 라반은 야곱에게 어떤 제안을 했고, 이에 대해 야곱은 라반에게 어떤 역제안을 했을까요?

사실 라반의 입장에서는 축복을 가져온 복덩어리인 야곱을 놓치기 싫었습니다. 그래서 어떻게든 야곱을 붙잡아 두려고 마음에도 없는 제안을 합니다. "네 품삯을 정하라 내가 그것을 주리라"(창 30:28). 사실 라반의 이 제안은 야곱을 붙잡아 두기 위한 계책이었을 뿐, 그럴 마음은 전혀 없었습니다. 실제로 라반은 야곱의 품삯을 수시로 변경했습니다. 야곱이 아내인 라헬과 레아에게 그녀들의 아버지인 라반에 대해 이런 말을 할 정도였습니다. "그대들의 아버지가 나를 속여 품삯을 열 번이나 변경하였느니라 그러나 하나님이 그를 막으사 나를 해치지 못하게 하셨으며"(창 31:7). 여기서 '열 번이나 변경했다'는 것은 횟수가 아니라, 계약을 손바닥 뒤집듯이 수시로 바꿨다는 것입니다. 이런 불신 관계 속에 있다 보니 야곱은 라반의 품삯 제안을 곧이곧대로 받지 않고 도리어 역제안을 한 것입니다. 그 내용을 정리하면 이렇습니다.

"삼촌, 아무것도 안 주셔도 됩니다. 다만 이렇게만 해 주신다면 제가 계속해서 삼촌의 가축들을 먹이며 돌보겠습니다. 오늘 제가 삼촌의 가축들 중에서 몸에 줄이 그어졌거나 점이 있는 알록달록한 것들을 골라낼 테니, 그런 녀석들을 저의 품삯으로 주십시오. 혹시 삼촌이 제 품삯을 조사할 때 줄도 없고 점도 없는 단색 가축들이 제 소유에 끼어 있으면 그런 것들은 제가 훔친 것으로 간주하셔도 좋습니다."

야곱의 제안에 라반이 회심의 미소를 지으며 흔쾌히 응합니다. 야곱과의 계약을 수시로 뒤집은 경험이 있기에 이번에도 일단 야곱을 붙잡기 위해 승낙을 한 것으로 보입니다. 그러나 그냥 승낙할 라반이 아닙니다. 그에게는 꿍꿍이속이 있었습니다. 바로 여기서 라반의 못된 심보가 또다시 드러납니다. 라반은 야곱과 계약을 체결하자마자 비열한 짓을 꾸밉니다(창 30:35-36).

사건은 야곱과 품삯에 대해 약조한 '그날' 일어났습니다. 그날 라반은 자신의 가축들 중에서 야곱이 요구한 알록달록한 것들을 샅샅이 가려내어 아들들에게 맡기고 사흘 길 밖으로 몰고 가서 치도록 했습니다. 혹시라도 단색인 가축들과 알록달록한 가축들이 접촉하여 교미를 할 수 없도록 원천봉쇄한 것입니다. 한마디로 라반은 야곱과 약조한 당일에 야곱이 요구한 알록달록한 가축들을 모두 빼돌린 것입니다. 심지어 알록달록한 가축들이 나올 가능성까지 아예 배제시켜 버렸습니다. 그러니 야곱이 돌봐야 할 라반의 가축들은 단색 가축들밖에 없습니다. 새끼를 낳아도 알록달록한 가축들을 기대할 수 없는 상황입니다.

라반은 이렇게 하면 야곱이 평생 자신 곁을 떠날 수 없을 거라고 생각했을 것입니다. 생각하면 할수록 라반의 지독함에 혀를 내두르게 됩니다. 어찌 삼촌이 조카에게, 아니 장인이 사위에게 이런 치졸하고도 비열한 짓을 할 수 있는지 도통 이해가 되지 않습니다. 그런데 놀라운 것은, 삼촌(장인)의 이런 몰염치한 처사에도 불구하고 야곱은 마치 아무 일도 없었던 것처럼 남겨진 라반의 양 떼를 돌보았다는 것입니다.

야곱이 누구입니까? 속이는 것에 있어서만큼은 둘째가라면 서러울 정도로 똑똑하고, 치밀하고, 계산적인 사람이 아닙니까? 그런데 그랬던 야곱이 지금 라반의 뜻에 순순히 따르고 있습니다. 그만큼 야곱이 변화되었다는 것입니다. 야곱이 이렇게 행동할 수 있었던 결정적 이유가 무엇일까요? 야곱의 생애를 추적해 볼 때 그것은 오직 하나, 그가 벧엘에서 받았던 하나님의 약속의 말씀을 믿었기 때문입니다.

라반은 야곱이 고향으로 돌아갈 수 있는 모든 변수를 다 제거해 버렸다고 기뻐했을지 모릅니다. 하지만 라반은 가장 중요한 변수를 놓치고 있었습니다. 어떤 변수입니까? '야곱과 함께하시는(지키시는, 인도하시는, 책임지시는) 여호와 하나님'이라는 변수를 놓치고 있었던 것입니다.

그렇습니다. 세상이 하나님의 자녀인 우리를 결코 넘어뜨릴 수 없는 것은, 그들이 우리와 함께하시는 여호와 하나님이라는 변수를 모르기 때문입니다. 하나님의 신적 개입을 모르기 때문입니다.

야곱의 삶에 개입하시는 하나님

여호와 하나님께서 야곱의 삶에 개입하시는데, 성경은 그 과정에서 아주 재미난 이야기 하나를 소개합니다. 야곱이 아주 독특한 방법으로 거부가 되는 과정의 이야기입니다(창 30:37-43).

지금 야곱이 돌보고 있는 라반의 가축들은 단색 가축들만 남아 있는 상황입니다. 알록달록한 가축들은 라반이 이미 다 가려내어 사흘 길의 거리에 있는 자기 아들들에게 맡겨 놓은 상태입니다. 이런 상황에서 야곱이 어떤 행동을 합니까? 버드나무와 살구나무와 신풍나무(플라타너스 나무)의 싱싱한 가지들을 꺾어다가 껍질을 벗깁니다. 그러고는 가축 떼가 개천에 물을 먹으러 올 때 볼 수 있도록 개천의 물구유 속에 껍질을 벗긴 알록달록한 모양의 나뭇가지들을 세워 두었습니다. 이유는, 단색의 가축 떼가 물을 먹으러 왔다가 그 알록달록한 모양의 나뭇가지를 보면서 교미를 하면 얼룩지거나 점이 있는 알록달록한 새끼를 낳을 수 있을 거라고 생각했기 때문입니다. 그리고 실제로 그런 기가 막힌 일이 벌어졌습니다.

특별히 야곱은 튼튼한 단색 가축들이 교미할 때는 그것을 볼 수 있도록 알록달록한 모양의 나뭇가지를 세워 두었지만, 연약한 단색 가축들이 교미할 때는 나뭇가지를 세워 두지 않았습니다. 결국 이런 과정을 통해서 연약한 단색 가축들은 그대로 라반의 것이 되게 하고, 알록달록한 모양의 나뭇가지를 보고 교미한 튼튼한 가축들은 다 야곱의 것이 되게 함으로 그가 번창하게 되었다는 것입니다.

제가 신학대학원 준비 시절에 성경을 읽다가 웃음을 참지 못한 부분이 바로 이 내용이었습니다. 너무 웃겼기 때문입니다. '아니, 이게 무슨 만화야, 요술이야? 생물학이나 과학적으로 이게 말이 돼? 도대체 야곱은 무슨 근거를 가지고 이런 행동을 했던 거지? 아니, 성경은 왜 이런 만화 같고 요술 같은 이야기를 기록하고 있는 거야? 신뢰 떨어지게!' 이런 질문을 가지고 곰곰이 묵상하는데 하나님이 이런 마음을 주셨습니다. '근영아, 무슨 방법을 쓰든 결론은 내가 내릴 거란다.'

생각해 보니 하나님이 개입하시는 역사는 제가 이성적으로 이해할 수 없기에 만화같이 보이고 요술처럼 느껴졌던 것입니다. 홍해가 갈라진 것, 만나가 매일 하늘에서 내린 것, 요단 강이 갈라진 것, 여리고 성 주변을 도니 무너진 것, 기드온의 300용사가 횃불과 나팔을 들고 13만 5천 명의 미디안 군사를 이긴 것과 같은 성경 이야기를 들으면 세상 사람들은 하나님의 구원의 방법이 참 만화 같고 요술 같다고 치부할지 모르겠지만, 실제 이 모든 것은 하나님께서 직접 개입해서 당신의 방법으로 이루신 구원의 역사입니다.

이런 차원에서 볼 때, 야곱이 많은 가축을 얻고 끝내 거부가 된 것 역시 그가 사용한 독특한 교미 방법 때문이 아니라 하나님의 신적 개입 때문입니다. 마치 라헬이 요셉을 낳은 것이 그 당시 불임 치료제로 알려진 '합환채' 덕분이 아니라 하나님의 신적 개입 때문이었듯이 말입니다. 그렇기에 하나님은 야곱이 다른 방법을 썼더라도 그 삶에 개입해서 라반의 못된 술책을 넘어서게 하셨을 것입니다. 왜냐하면 하나님은 당신이 약속한 말씀을 지키는 신실하신 분이기 때문입니다. 그렇습니다. 하나님은 '내가 너와 함께하며, 너를 지키며, 너를 인도하며, 너를 책임지겠다'는 벧엘의 약속을 지키기 위해 야곱의 삶에 개입하여 라반의 계략에서 벗어날 수 있도록 하셨습니다.

어쩌면 우리는 수많은 라반이 존재하고 있는 치졸하고도 비열한 세상 속에 살아가고 있는지도 모릅니다. 그래서 때로는 그런 라반들의 세상 속에서 손해를 보기도 하고, 가슴 치며 통탄할 일을 만나기도 합니다. 심지어 사방으로 욱여

쌈을 당하는 것 같은 답답한 상황에 직면해 세상에서 버려진 것 같은 심정이 들 때도 있습니다. 혹시 당신의 삶 가운데 그런 상황이 닥쳐온다면 결코 절망하거나 낙심하지 말고 이 말씀을 기억해 내십시오. 언약에 신실하신 하나님께서 야곱의 삶에 개입하셨듯이 언약의 자녀인 우리의 삶에도 개입해 우리와 함께하며 지키고, 인도하고, 끝까지 책임져 주실 것입니다.

그러므로 용기를 내십시오. 1세기 수많은 라반이 즐비했던 비열한 시대 속에서도 하나님의 신적 개입을 경험했던 사도 바울이 오늘 그에 못지않은 시대를 살고 있는 우리에게 마치 용기를 내라는 듯 이렇게 선포합니다. "우리가 사방으로 욱여쌈을 당하여도 싸이지 아니하며 답답한 일을 당하여도 낙심하지 아니하며 박해를 받아도 버린바 되지 아니하며 거꾸러뜨림을 당하여도 망하지 아니하고"(고후 4:8-9). 왜 그렇습니까? 우리는 언약의 자녀요, 하나님은 그 언약의 자녀의 삶에 반드시 개입하시기 때문입니다.

우리는 하나님의 언약의 자녀라는 사실을 한순간도 잊지 않고 매 순간 하나님의 신적 개입을 사모해야 합니다. 그럴 때 함께하고, 지키고, 인도하고, 책임져 주시는 하나님의 신적 개입을 경험하는 21세기의 변화된 야곱이 될 것입니다.

1. 당신의 삶의 라반은 무엇(누구)입니까? 그것(그 사람)이 당신을 괴롭게 할 때 당신은 어떻게 대처합니까?

2. 당신은 하나님의 신적 개입을 경험한 적이 있습니까? 있다면 언제, 어떤 상황에서 경험했는지 나누어 봅시다.

3. 당신은 언약의 자녀입니까? 그렇게 생각하는 이유는 무엇입니까?

9

속이는 인생에서
축복하는 인생으로 변화되다

창세기 31:1-42

피에트로 베레티니, 〈야곱과 라반의 동맹〉(17세기, 루브르 박물관)

◇

'기다림'은 신앙의 요소 중에 굉장히 중요한 핵심 사항입니다. 우리는 매일의 삶에 하나님의 신적 개입이 있기를 사모하며 우리를 향한 하나님의 일하심을 기다립니다. 물론 막연히 좋은 날이 오기만을 기다리는 것은 나태함이지 믿음은 아닙니다. 그렇기에 하나님 나라의 확장을 꿈꾸는 믿음의 사람들은 막연히 기다리지 않습니다. 삶의 자리에서 세상의 소금과 빛의 사명을 감당하면서 주님을 기다립니다. 가난하고 소외된 이웃들의 설 땅과 기댈 언덕이 되어 주며 주님을 기다립니다. 미움과 증오로 서로를 지옥으로 만드는 곳에 그리스도의 용서와 평화를 선물하며 주님을 기다립니다. 이와 같은 기다림이 하나님의 기다림의 방식입니다. 그리고 동일한 차원에서 하나님은 우리의 변화를 기다리시는데, 막연히 기다리는 것이 아니라 우리의 변화를 위해 당신이 친히 일하면서 기다리십니다. 우리의 삶과 인격을 하나하나 다듬고 빚어 가면서 우리의 변화를 기다리십니다.

야곱을 향한 하나님의 기다림이 그러했습니다. 하나님은 20년 동안 야곱의 삶과 인격을 다듬고 빚어 가면서 야곱의 변화를 기다리셨습니다. 그렇기에 외삼촌 라반의 집에서 마치 머슴살이처럼 보낸 이 20년의 기간은 단지 힘들게 고생한 시간이 아니라, 야곱이 하나님의 사람으로 다듬어지고 빚어진 훈련의 시간이었습니다. 놀라운 것은, 그 훈련이 끝나 갈 무렵 하나님께서 야곱의 삶에 더욱 깊숙이 개입해 들어가 당신의 기막힌 방법으로 야곱에게 어마어마한 물질적 축복까지 주셨다는 것입니다. 그러므로 인생을 살다 혹여 야곱과 같은 혹독한 시절 속에 놓이게 되더라도 쉽게 낙심하지 말고 이렇게 생각하십시오. '아, 하나님이 지금 나를 다듬고 계시는구나! 이제 곧 하나님이 내 삶에 깊숙이 개입해 들어오시겠구나!' 그럴 때 야곱의 삶 가운데 역사하신 하나님께서 우리의 삶 가운데도 역사하실 것을 확신하게 될 것입니다.

말씀이 가장 든든한 인생의 방패막이다

무려 20년간 외삼촌 라반의 집에서 머슴살이도 마다하지 않고 살아왔던 야곱이 드디어 고향인 가나안으로 돌아가겠다고 마음을 굳혔습니다. 그래서 외삼촌 라반에게 귀향 의지를 밝혔습니다. 그러나 라반은 자신의 집안에 물질적 축복을 가져다준 야곱을 결코 보내기가 싫어 여러 가지 꼼수를 부렸습니다. 하지만 이 과정 속에 하나님이 깊이 개입하셔서 도리어 야곱에게 어마어마한 물질적 축복을 부어 주셨습니다.

그러다 보니 욕심 많은 라반이 속에서 열불이 나기 시작합니다. 야곱이 점점 미워집니다. 그래서인지 라반은 자신의 아들들에게도 야곱에 대한 부정적인 이야기를 쏟아 놓은 것으로 보입니다. 라반의 아들들이 매형인 야곱에 대해 이런 오해를 하고 있기 때문입니다. "야곱이 라반의 아들들이 하는 말을 들은즉 야곱이 우리 아버지의 소유를 다 빼앗고 우리 아버지의 소유로 말미암아 이 모든 재물을 모았다 하는지라"(창 31:1). 라반의 아들들이 야곱에 대해 이런 인식을 가지고 있었다는 것은 당시 라반이 아들들에게 야곱에 대한 부정적 이야기를 많이 했다는, 일종의 합리적 의심을 갖기에 충분해 보입니다. 그러다 보니 라반의 아들들은 아버지와 야곱 사이에 있었던 사실 여부는 전혀 모른 채 그저 아버지가 말해 준 대로만 믿고 야곱을 오해하며 그를 향해 증오의 화살을 쏘아 대고 있었던 것으로 보입니다.

상황이 이렇다 보니 야곱은 더 이상 라반과 함께 지낼 수가 없었습니다. 그래서였을까요? 바로 그 순간, 이 모든 상황을 지켜보고 계시던 하나님께서 야곱에게 찾아와 말씀해 주십니다.

"여호와께서 야곱에게 이르시되 네 조상의 땅 네 족속에게로 돌아가라 내가 너와 함께 있으리라 하신지라"(창 31:3).

야곱은 이 순간 '내가 함께해 줄 테니 고향으로 돌아가라'는 하나님의 보증의 말씀을 받고는 너무나도 든든하고 기뻤을 것입니다. 그런데 뒤집어 생각해 보면, 만약 야곱이 하나님의 보증의 말씀을 받지 않고 떠났다면 굉장히 혼란스럽고 두려웠을 것 같다는 생각이 듭니다. 외삼촌 라반과 함께 사는 것이 너무나도 힘들고 염증이 나서 떠나는 것이지만, 다시 고향으로 돌아간다 한들 거기에는 자신을 죽이려는 형에서가 시퍼렇게 살아 있기 때문입니다. 직장에서 못된 상사를 피해 다른 부서로 옮겨 갔는데 옮긴 부서에 더 악랄한 상사가 기다리고 있다면 끔찍하지 않겠습니까? 야곱이 지금 딱 그런 상황입니다. 그런데 야곱은 든든합니다. 왜냐하면 하나님이 보증의 말씀을 주셨기 때문입니다. 그 말씀을 붙잡고 있기 때문입니다.

삶이란 참 쉽지 않습니다. 지긋지긋한 라반을 피해 떠나왔는데 무시무시한 에서가 기다리고 있는, 그야말로 산 넘어 산인 상황을 경험할 때가 너무나도 많기 때문에 그렇습니다. 솔직히 이런 상황과 마주치게 되면 도대체 어떤 선택을 해야 할지 혼란스럽고, 또 선택에 대한 결과가 어떻게 나올지 조마조마하고 두려울 때가 있습니다. 그러나 야곱처럼 하나님의 보증의 말씀을 받은 자들, 그래서 그 말씀을 굳건하게 붙잡은 자들은 든든합니다. 왜냐하면 전능하신 하나님께서 약속하신 말씀대로 함께하고 보호해 주실 것을 믿기 때문에 그렇습니다.

하나님께서 야곱에게 고향으로 돌아가라며 주신 "내가 너와 함께 있으리라"는 이 임마누엘의 말씀은 우리에게도 동일하게 주시는 말씀입니다. 어떤 선택을 해야 할지 혼란스럽습니까? 어떤 결과가 나올지 조마조마합니까? 영원토록 우리와 함께하시겠다는 임마누엘의 이 약속의 말씀을 붙잡으십시오. 바로 그 말씀이 가장 든든한 인생의 방패막이 되어 줄 것입니다.

하나님 아버지의 품으로 돌이키라

여기에서 반드시 주목해야 할 사항은, 하나님께서 야곱에게 말씀하신 '네 조상의 땅 네 족속에게로 돌아가라'는 것은 단지 지리적인 이동만을 뜻하는 것이 아니라, 야곱의 삶이 하나님께로 돌이켜져야 함을 내포하고 있다는 사실입니다. 그렇다면 구체적으로 야곱의 어떤 부분을 돌이키라고 말씀하시는 것일까요?

드디어 야곱이 두 아내 레아와 라헬을 설득한 후에 당시 부의 상징이었던 낙타에 아내들과 자녀들을 태우고 수많은 짐승 무리를 데리고 가나안 땅을 향해 출발합니다. 그런데 이 사실을 외삼촌 라반이 알게 된다면 못 가게 막아설 것이 분명하기에, 야곱은 출발 날짜를 고심하다가 라반과 그의 일꾼들이 양털을 깎으러 들판으로 나가기로 예정된 기간을 디데이(D-Day)로 정했습니다. 당시 양털을 깎는 것은 집으로부터 멀리 떨어진 곳에서 며칠에 걸쳐 이루어진 큰 행사였기 때문입니다.

드디어 그날이 되어 야곱의 가족들이 라반 몰래 가나안을 향해 출발했습니다. 그리고 라반은 3일 만에 야곱 가족의 도주 소식을 알게 되었습니다. 분노한 라반이 장정들을 모아

7일 길을 뒤쫓아 야곱 일행을 따라잡게 되었습니다. 라반이 장정들을 모아 온 것으로 볼 때, 아마도 그는 야곱을 죽일 계획이었던 것으로 보입니다.

그런데 바로 그날 밤, 하나님께서 라반의 꿈속에 나타나 말씀하셨습니다. "너는 삼가 야곱에게 선악 간에 말하지 말라"(창 31:24b). 무슨 말입니까? '너에게는 야곱을 죽일 권리도, 또 그의 가족과 재산을 빼앗을 권리도 없으니 그를 해하지 말라'는 것입니다. 그야말로 야곱을 지키고 그와 함께해 주겠다고 약속하신 임마누엘 하나님의 철통같은 보호하심이 아닐 수 없습니다.

그런데 잠에서 깨어나 결국 야곱을 따라잡은 라반이 야곱을 보자마자 분노를 쏟아 냅니다. 어떻게 네가 나한테 이럴 수 있느냐고 말입니다. 그러면서 이런 말을 덧붙입니다. "내가 즐거움과 노래와 북과 수금으로 너를 보내겠거늘 어찌하여 네가 나를 속이고 가만히 도망하고 내게 알리지 아니하였으며"(창 31:27). 무슨 말입니까? '네가 나한테 미리 귀띔이라도 해 줬으면 잔치를 베풀어 환송해 주었을 텐데 어찌 나를 속이고 갈 수 있느냐'는 것입니다. 개인적으로 상상해 보건대, 라반의 이 말을 들은 야곱이 굉장히 어이없어 했을 것 같다는 생각이 듭니다. 왜냐하면 야곱은 라반이 그럴 위인이 아니라는 것을, 지금 이 말이 거짓말이라는 것을 누구보다 잘 알고 있기 때문입니다. 심지어 라반의 두 딸인 레아와 라헬도 아버지 라반에 대해 그렇게 생각할 정도였으니 두말해 무엇 하겠습니까?

아니나 다를까, 라반이 야곱을 성급하게 뒤쫓아 온 속셈이 무엇이었는지 그가 야곱에게 던진 질문을 통해 들통이 납니다. "이제 네가 네 아버지 집을 사모하여 돌아가려는 것은 옳거니와 어찌 내 신을 도둑질하였느냐"(창 31:30). 도대체 그 신은 무엇이며, 라반에게 그 신은 어떤 존재였던 것일까요? 지금 라반은 자신이 가장 소중히 여기는 '드라빔'이라는 우상을 야곱이 훔쳐 갔다고 단정하고 있습니다. '드라빔'(teraphim)이라는 것은 당시 고대 근동 지역 사람들이 섬겼던 사람 모양의 우상입니다. 특별히 가정을 지키고 치료하는 일종의 가정 수호신 같은 것입니다. '치료 요법'이라는 뜻을 가진 영어 단어 '테라피'(therapy)가 바로 여기서 유래했습니다. 특별히 당시 드라빔을 소유한 자에게는 그 집안의 재산권과 모든 것을 상속할 상속자 권한이 있었기에 메소포타미아 고대 근동 사회에서는 이 드라빔을 굉장히 중요하게 여겼습니다.

그런데 놀랍게도 라반의 재산 상속권과 관련된 그 드라빔을 훔쳐 간 장본인은 그의 딸 라헬이었습니다. 라헬이 떠나기 전, 아버지 라반이 양털을 깎으러 출타했을 때 그 드라빔을 가져온 것입니다. 그러니 라반도, 심지어 야곱도 드라빔을 훔친 장본인이 라헬이라는 사실을 전혀 모르고 있는 상황입니다. 지금 라헬은 훔쳐 온 드라빔을 낙타 안장 밑에 깔아 놓고는 그 위에 앉아 있습니다. 그러고는 아버지 라반에게 생리통이 너무 심해 도저히 내릴 수가 없으니 양해해 달라고 말합니다. 라반의 입장에서는 라헬이 그 소중한 드라빔을 깔고 앉아 있을 거라는 것은 상상할 수도 없는 일이기에 그는 일행들과 다른 곳을 샅샅이 수색하지만 그 어느 곳에서도 찾지 못합니다.

그러자 이제 야곱의 반격이 시작됩니다. 도대체 자신이 무슨 죄를 지었기에 이렇게 쫓아와서 도둑놈 취급을 하느냐는 것입니다. 그러면서 20년간 외삼촌 라반 밑에서 일하며 겪었던 힘겹고 억울했던 시절의 일들을 떠올리며 토로합니다 (창 31:38-42).

"삼촌, 제가 20년 동안 삼촌 밑에서 일하면서 삼촌 소유의 양 한 마리도 잡아먹어 본 적이 없습니다. 저는 정말 삼촌의 양 떼를 위해 낮에는 더위와 싸우고, 밤에는 추위와 싸우면서 눈 붙일 겨를도 없이 일했습니다. 그런데도 삼촌은 도둑맞은 양이 있으면 그것을 제 월급에서 제했습니다. 14년을 무보수로 일한 저에게 말입니다. 심지어 품삯을 받기 시작한 지난 6년의 기간 동안에도 제 품삯을 손바닥 뒤집듯이 얼마나 많이 변경했는지 모릅니다. 솔직히 너무 힘들고 억울했지만, 참고 또 참고 견뎌 냈습니다."

야곱의 이 말은 다 맞는 말입니다. 정말이지 야곱은 이렇게 억울하게 당하며 살아왔습니다. 그런데 라반을 향해 큰소리치고 있는 야곱의 이 말에 뭔가 힘이 실리지 않고 있다는 느낌이 듭니다. 왜일까요? 라반의 잘못을 지적하는 지점, 즉 라반의 속이고 거짓말하는 그 삶이 바로 자신의 삶이었기 때문입니다. 그러다 보니 라반에게 큰소리를 치면 칠수록 본인이 아버지와 형에게 어떻게 했는지가 더 생각나 힘이 실리지 않았던 것입니다.

그렇다면 하나님께서 드라빔을 찾는 데 혈안이 되어 있는 라반의 모습을 보여 주면서, 즉 물질과 상속권에 집착하고 있는 라반의 모습을 보여 주면서 야곱에게 말씀하시고자 한 것은 무엇이겠습니까? '야곱아! 물질과 장자권에 집착하여 아버지도 속이고 형도 속였던 장본인이 바로 너였단다. 자기 이익을 위해서라면 상황에 따라 수시로 속이고 거짓말하던 간교한 사람이 바로 너였단다.' 그러니 이제 그 모든 거짓된 삶에서 돌이켜 진실 된 삶으로 돌아오라는 것입니다. 물질과 장자권의 집착에서 벗어나 '하나님의 공급하심을 신뢰하며 살라'는 것입니다. 바로 이것이 앞으로 야곱을 더욱 멋있게 사용하시기 위한 하나님의 마음이었던 것입니다.

유대인 랍비들이 전하는 '미드라쉬'(Midrash)라는 해설 성경 이야기가 있습니다. 거기에 보면 창세기 22장에 나오는 아브라함이 아들 이삭을 제물로 바치는 사건에 대해 이런 해설이 나옵니다.

아브라함이 하나님께 물었습니다.

"제가 왜 이 일을 겪어야 했나요? 제 충성심을 검증하기 위해 시험이 필요하셨나요?"

하나님이 대답하셨습니다.

"아니다. 나는 너를 시험할 필요가 없단다."

"그럼 무엇 때문에 제가 이 일을 겪어야 했나요?"

아브라함의 질문에 하나님이 대답하셨습니다.

"너를 열방에 증거하고 싶어서 그랬단다."

저는 하나님께서 야곱을 향해 "야곱아, 진실 된 삶으로 돌아오너라. 나의 공급함을 신뢰하는 삶으로 돌아오너라"라고 말씀하시는 것도 같은 목적이었다고 봅니다. 거짓과 속임수의 명수였던 야곱을 진실 된 하나님의 사람으로 변화시켜 열방 가운데 증거하시되, 특별히 이스라엘 열두 지파의 멋진 조상으로 사용하시기 위해 말씀하신 것입니다.

중요한 것은, 하나님의 이 마음이 우리를 향해서도 동일하시다는 것입니다. 하나님은 우리의 생애 역시 아름답고 멋있게 사용하기 위해 말씀하십니다. "나의 사랑하는 자여, 진실된 삶으로 돌아오너라. 나의 공급함을 신뢰하는 삶으로 돌아오너라."

이 내용을 묵상하면서 제 입에서 떠나지 않은 찬송이 있었습니다. 〈나 주를 멀리 떠났다〉(새찬송가 273장)라는 찬송입니다.

> 나 주를 멀리 떠났다 이제 옵니다
> 나 죄의 길에 시달려 주여 옵니다
> 나 이제 왔으니 내 집을 찾아
> 주여 나를 받으사 맞아 주소서

시인은 인생의 방황을 멈추고 본향으로 돌아간다고, 죄의 길에서 돌이켜 아버지의 따뜻한 품으로 돌아간다고, 지난날의 죄를 회개하고 하나님의 품으로 돌아가니 하나님 아버지가 두 팔 벌려 안아 주신다고 간증합니다. 야곱이 만약 이 찬송을 알았다면 고향집으로 돌아가는 내내 이 찬송을 부르며 이렇게 기도하지 않았을까 생각해 봅니다.

"하나님, 저의 지난날의 죄를 회개합니다. 이제 거짓된 삶에서 진실 된 삶으로 돌아가겠습니다. 하나님의 공급하심을 신뢰하는 삶으로 돌아가겠습니다."

당신의 영적인 상태는 어떻습니까? 지금이야말로 돌아가야 할 때가 아닙니까? 거짓된 삶을 버리고 진실 된 삶으로 돌아가야 합니다. 하나님의 공급하심을 신뢰하는 삶으로 돌아가야 합니다. 혹여 라반처럼 놓지 못하는 드라빔 같은 우상이 있지는 않습니까? 혹여 점을 보러 다니지는 않습니까? 그렇다면 그 모든 우상을 과감히 버리고 돌이켜 회개해야 합니다. 아직 늦지 않았습니다. 하나님께로 돌아가십시오. 돌아가기만 하면 하나님께서 두 팔 벌려 반갑게 맞아 주십니다. 그리고 우리의 삶을 새롭게 하며 멋있게 사용해 가십니다.

지난날의 잘못을 철저히 회개하고 하나님의 품으로 돌이키십시오. 그럴 때 하나님 아버지의 따뜻한 숨결과 그분의 공급하심과 새롭게 하심을 체험하고 누리게 될 것입니다.

질문과 나눔

1. 당신이 가장 오래 기다려 본 시간은 얼마입니까? 그 시간보다 더 오래 당신을 기다리신 하나님을 생각할 때 당신은 어떤 마음이 듭니까?

2. 하나님이 당신을 다듬어 가고 계시다는 것을 느낄 때는 언제입니까?

3. 하나님을 멀리 떠나 본 경험이 있습니까? 있다면, 떠난 이유는 무엇이며 어떻게 돌아오게 되었습니까?

◇

하나님은 우리를 향해
돌아오라고 말씀하십니다.
진실 된 삶으로,
하나님의 공급하심을 신뢰하는 삶으로
돌아오라고 말씀하십니다.

3

하나님은 나를
포기하지 않으셨다

10

정체성이 바뀔 때
두려움은 담대함이 된다

창세기 32:24-32

렘브란트 판 레인, 〈천사와 씨름하는 야곱〉(1660년, 베를린 국립 미술관)

◇

        '미다스의 손'(Midas touch)이라는 말이 있습니다. 흔히 '황금의 손'이라 불리는 '미다스의 손'은 '하는 것마다 성공을 거두는 사람'을 뜻하는 표현으로 대개 긍정적인 의미로 쓰입니다. 그런데 이 용어의 기원이 되는 그리스 신화의 '미다스 왕 이야기'는 그렇게 긍정적이지 않습니다.

  디오니소스 신이 미다스에게 말했습니다.

  "네가 원하는 것은 무엇이든 말해라. 내가 다 들어주겠다."

  그러자 미다스가 요청했습니다.

  "제 손에 닿는 것은 무엇이든 다 황금이 되게 해 주십시오."

  그러자 디오니소스 신은 안타까워합니다. 자신은 더 좋은 것을 주고 싶었는데 미다스가 그러한 것을 선택하지 않았기 때문입니다. 어쨌든 디오니소스 신은 미다스의 요청대로 그의 손에 닿는 모든 것은 황금으로 변하게 해 주었습니다. 이후 미다스의 손에 닿는 것은 돌이든 나뭇가지든 모두 황금으로 변했습니다. 미다스는 너무 기분이 좋았습니다.

그런데 문제가 생겼습니다. 사과를 따도 황금으로 변하고, 음식을 먹으려 해도 황금으로 변하는 것입니다. 설상가상으로 사랑하는 딸을 품에 안자 딸 역시 딱딱한 황금으로 굳어 버렸습니다. 그 순간 미다스는 황금이 복이 아니라 재앙이 될 수 있음을 깨닫습니다.

황금을 좇느라 '일상의 소중함'을 잃어버린 미다스의 이야기는 우리에게 경각심을 불러일으킵니다. 우리는 행여 황금을 좇느라 소중한 일상을 잃어버리는 어리석음을 범하지 않아야 할 것입니다. 무엇보다 황금을 좇느라 하나님의 품을 떠나거나 교회를 멀리해서는 안 됩니다. 또한 황금을 좇느라 가정을 소홀히 여기거나 사람을 잃어버리는 일은 없어야 합니다.

그리스도인의 최고의 축복은 살아 계신 하나님을 만나 그분과 일상의 삶 속에서 동행하는 것이며, 그분의 손길을 통해 삶의 모난 부분들이 정리되고 새롭게 변화되는 것입니다. 그런 차원에서 우리는 야곱의 삶에 찾아와 그를 새롭게 변화시키신 하나님의 손길과 그 하나님의 손길로 인해 새로운 인생을 시작하고 있는 야곱의 모습을 통해 하나님이 원하시는 새로운 시작이 무엇인지를 진지하게 고민해 보고자 합니다.

야곱에서 이스라엘로

에서와 야곱은 쌍둥이 형제입니다. 이 형제들은 어머니 태중에 있을 때부터 싸움을 해 댔습니다. 그리고 그 싸움은 성장하면서도 계속되었습니다. 이들의 싸움은 야곱이 형 에서의 장자권과 축복권을 가로챌 때 최고조에 달했습니다. 그리고 이 모든 정황을 알게 된 에서는 자신의 축복권을 가로챈 야곱을 죽이기로 결심합니다. 그런데 이때 에서의 마음속 독기를 알아차린 어머니 리브가가 형제간의 피바람을 막기 위해 야곱을 저 멀리 800-900킬로미터 정도 떨어진 하란 지역에 살고 있는 오빠 라반의 집으로 피신시킵니다.

드디어 야곱이 하란을 향해 출발합니다. 아마도 하란을 향해 홀로 걷고 있는 야곱은 형의 노여움이 풀릴 때까지만 그곳에 가 있으면 된다고 생각했을 것입니다. 그러나 그의 생각과는 달리 야곱은 외삼촌 라반의 집에서 무려 20년간 머슴살이 같은 생활을 하게 됩니다. 심지어 본인보다 더 거짓말을 잘하고 더 지독한 삼촌의 계략으로 인해 고향으로 돌아갈 날은 점점 멀어지고 있었습니다.

그러던 중 20년의 세월이 지난 어느 날, 야곱은 벧엘에서 받았던 하나님의 약속의 말씀을 기억하고 귀향 결단을 하게 됩니다. 어떤 말씀입니까? "내가 너와 함께할 것이며, 너를 지킬 것이며, 너를 이끌어 고향 땅으로 돌아오게 할 것이다"라는 말씀입니다. 물론 이 과정 속에 고향으로 돌아가지 못하게 하려는 삼촌 라반의 집요한 방해가 있었지만, 결국 야곱은 그 모든 방해를 뿌리치고 그의 여인들인 라헬과 레아, 빌하와 실바 그리고 열한 명의 자녀를 데리고 지금 고향 땅 가나안으로 돌아가는 중입니다. 또한 하나님이 주신 엄청난 가축들을 이끌고 소위 거부가 되어 고향 땅으로 돌아가고 있습니다.

그런데 야곱이 돌아가고 있는 고향은 풀과 흙이 안아 주는 정겨운 곳이 아닙니다. 지금 그곳은 야곱에게 분노와 적대감을 품고 있는 형 에서가 두 눈을 부릅뜨고 버티고 있는 곳입니다. 이런 상황을 누구보다 잘 알고 있던 야곱은 지난 20년간의 경험과 지혜를 총동원해 형을 만날 준비를 합니다. 먼저 형에게 종들 몇 명을 미리 보내 자신의 귀향 소식을 알리며 자신이 형에게 은혜 받기를 원한다는 사실을 전하도록 합니다. 그러나 돌아온 종들의 보고는, 지금 형 에서가 부하 400명을 데리고 야곱을 치러 이리로 오고 있다는 것이었습니다. 그렇지 않아도 두려운데, 종들의 보고는 야곱으로 하여금 걷잡을 수 없는 두려움에 휩싸이게 했습니다.

그러자 공포에 사로잡힌 야곱이 몇 가지 조치를 취합니다. 먼저는 형이 한쪽을 치면 다른 한쪽이라도 피할 수 있도록 하기 위해 가족과 가축을 두 떼로 나눕니다. 그러고는 자신과 함께하며 고향으로 돌아오게 할 것이라고 약속하신 하나님의 말씀을 붙잡고 '기도'도 합니다. 그런데 이렇게 해도 불안했는지 야곱은 한 가지 조치를 더 취합니다. 혹시라도 형에게 예를 갖춘 예물을 먼저 보내면 형의 감정을 풀 수 있지 않을까 하여 550마리에 달하는 엄청난 가축을 준비해 놓습니다. 그러나 이렇게까지 했음에도 불구하고 두려운 마음이 잦아들지 않자 야곱은 밤에 일어나 가족들을 다 피신시킵니다.

결국 가족과 자신의 모든 소유가 얍복 나루를 건너 피신하게 되자 이제 야곱은 홀로 남게 되었습니다. 성경은 이 장면을 이렇게 기록합니다. "야곱은 홀로 남았더니"(창 32:24a). 그렇습니다. 지금 이 시간은 야곱이 홀로 남은 '두려움의 밤'입니다. 모든 것을 잃을 수도 있다는 두려움이 몰려오는 밤, 아니 죽을 수도 있다는 두려움이 엄습해 오는 밤입니다. 그런데 그 두려움의 밤에 하나님께서 또다시 야곱을 찾아와 주셨습니다.

"야곱은 홀로 남았더니 어떤 사람이 날이 새도록 야곱과 씨

름하다가"(창 32:24).

여기서 '어떤 사람'이란 '하나님이 보내신 천사'로 이해하면 됩니다. 그러니까 지금 하나님이 보내신 천사가 '어떤 정체 모를 사람의 모습'으로 야곱에게 씨름을 걸어 온 것입니다. 다짜고짜 씨름을 걸어 온 사람이 형 에서가 보낸 사람인지, 삼촌 라반이 보낸 자객인지, 아니면 이 동네 건달인지 도대체 알 수 없는 상황에서 야곱은 이 어떤 사람과 씨름을 벌이고 있습니다.

그런데 이 씨름을 통해 야곱의 허벅지 관절이 위골되었습니다(창 32:25). 왜냐하면 하나님의 천사가 야곱의 허벅지 관절을 쳤기 때문입니다. 중요한 것은, 여기서 하나님의 천사가 야곱의 허벅지 관절을 쳤다는 것은 그동안 야곱이 육적(인간적)으로 해 왔던 모든 옛 자아의 일들을 하나님이 꺾으셨다는 것을 의미합니다.

결국 야곱은 이 씨름을 통해 그동안 남의 발목이나 잡고 살아왔던 자신의 존재 밑바닥을 보게 되었습니다. 그리고 이 씨름을 통해 결국 자신이 씨름해야 할 어떤 사람은 다름 아닌 자신의 육적인 옛 자아임을 깨닫게 되었습니다. 무엇

보다 이 씨름은 자신의 옛 자아가 죽어야만 끝나는 것임을 깨닫게 되었습니다. 결국 그날 밤, 일평생 남을 속이며 남의 발목이나 잡아 왔던 옛 사람 야곱은 죽고 새로운 존재인 '이스라엘'이 탄생하게 됩니다.

> "그가 이르되 네 이름을 다시는 야곱이라 부를 것이 아니요 이스라엘이라 부를 것이니 이는 네가 하나님과 및 사람들과 겨루어 이겼음이니라"(창 32:28).

그런데 이 말씀에서 우리의 고개를 갸우뚱하게 만드는 것은, 야곱이 새로운 존재인 이스라엘로 변화된 것이 하나님과 겨루어 이겼기 때문이라는 것입니다. 정말입니까? 정말 야곱이 하나님과 겨루어 이겨서 이스라엘이 된 것입니까? 아닙니다. 엄밀히 말하면 하나님이 져 주신 것입니다. '그래, 야곱아, 네가 이겼다' 하며 져 주신 것입니다.

'사람에게 져 주시는 하나님', 너무 은혜가 되지 않습니까? 이 순간 누구의 마음이 더 뜨거웠을까요? 이긴 야곱이었을까요, 아니면 져 주신 하나님이었을까요? 물어보나 마나입니다. 하나님의 마음이 더 뜨거웠을 것입니다. 짐작해 보건대, 이 순간 하나님은 "야곱아, 네가 드디어 육적인 옛 자아를 죽이고 나에게로 돌아왔구나!" 하면서 야곱의 두려움과 죄책감을 꽉 안아 주셨을 것입니다. 바로 이때 하나님이 야곱에게 '하나님이 다스리는 사람'이라는 뜻의 '이스라엘'이라는 새로운 존재의 이름을 주신 것입니다.

우리는 여기서 '자신의 삶을 하나님이 다스리시도록 내어드리는 사람이 새로운 존재인 이스라엘이 된다'는 사실을 알게 됩니다. 잊지 마십시오. 하나님은 우리가 당신의 통치(다스림) 앞에 무릎 꿇을 때 '그래, 네가 이겼다'며 우리를 축복하십니다. 그래서 성경은 이렇게 말씀합니다. "거기서 야곱에게 축복한지라"(창 32:29b).

거기가 어디입니까? 얍복 강입니다. 육적인 야곱의 옛 자아가 죽고 변화된 곳입니다. 바로 그곳에 축복이 임한 것입니다. 그렇습니다. 그 얍복 강을 건널 때, 즉 옛 자아가 죽을 때 비로소 하늘의 축복이 임하게 되는 것입니다.

'얍복'은 '쏟아붓다, 비우다'라는 단어에서 왔습니다. 그렇기에 얍복은 다른 곳이 아닌 '쏟아 내는 곳, 비우는 곳'입니다. 얍복 강은 우리 안에 있는 욕망과 불순물들을 비워 내지 않고는 건널 수 없는 강입니다. 그렇기에 우리는 그곳에서 우리 영혼의 찌꺼기를 비워 내야 합니다. 우리의 의(욕망, 정욕, 거친 언어)를 비워 내야 합니다. 그렇게 될 때 비로소 우리는 찬란한 은총의 새 아침을 맞이할 수 있습니다.

얍복 강을 건너 브니엘의 새 아침을 맞으라

보십시오. 지금 얍복 강에서 영혼의 불순물을 다 쏟아 내고 옛 자아를 죽임으로 새로운 존재가 된 야곱이 그 아침 하나님의 축복을 받은 바로 그곳을 '브니엘'이라고 칭합니다. 이는 '하나님의 얼굴'이라는 뜻입니다(창 32:30). 무슨 말입니까? 자신의 옛 자아가 죽자 비로소 하나님이 보이게 되었다는 것입니다. 다시 말해, 자신의 옛 자아가 죽은 바로 그날이 야곱의 삶의 진정한 새 아침이었다는 것입니다.

우리는 여기서 하나님이 원하시는 새로운 삶이란 우리의 옛 자아가 죽고 우리 삶을 하나님께서 다스리시도록 내어 드리는 것임을 깨닫습니다. 사도 바울의 고백대로 하자면, "내가 그리스도와 함께 십자가에 못 박혔나니 그런즉 이제는 내가 사는 것이 아니요 오직 내 안에 그리스도께서 사시는 것이라 이제 내가 육체 가운데 사는 것은 나를 사랑하사 나를 위하여 자기 자신을 버리신 하나님의 아들을 믿는 믿음 안에서 사는 것"(갈 2:20)입니다. 한마디로 말해, 나는 죽고 예수로 사는 것, 내 힘이 아닌 하나님의 통치로 사는 것, 바로 이것이 그리스도인의 새로운 삶인 것입니다. 바로 그 사람이 새 아침의 사람이요, 브니엘의 아침을 경험하는 사람입니다. 우리는 야곱이 경험한 브니엘의 새 아침의 축복을 동일하게 받을 수 있어야 합니다.

시인 신동엽은 〈새해 새 아침은〉이라는 시에서 "금가루흩뿌리는 새 아침은 / 우리들의 대화 / 우리들의 눈빛 속에서 / 열렸다"라고 이야기합니다. 그렇다면 새 아침을 열 우리들의 대화는 어떤 것이어야 할까요? 브니엘을 구하는 대화, 즉 하나님의 얼굴(은혜)을 구하는 대화가 되어야 할 것입니다. 이는 묵상한 말씀에 대한 은혜와 삶 속에서 역사하셨던 은혜의 간증들을 나누면서 할 수 있는 대화입니다.

그렇다면 새 아침을 가져올 우리들의 눈빛은 어떠해야 할까요? 나는 죽고 예수로 살겠다는, 즉 내 힘이 아닌 하나님의 통치로 살겠다는 믿음의 눈빛이 되어야 할 것입니다. 이는 순간순간 얍복 강에 들어가 나의 욕망을 죽이고 내 영혼의 찌꺼기들을 비워 내야 가질 수 있는 눈빛입니다.

그렇다면 우리가 들어가야 할 얍복 강은 어디일까요? 앞서 이야기했던 미다스 왕 이야기의 결론 부분은 이렇습니다. 결국 황금이 복이 아니라 재앙이 될 수 있음을 깨달은 미다스가 디오니소스 신에게 그 재앙으로부터 놓이게 해 달라고 간청합니다. 그러자 디오니소스 신이 말합니다. "팍톨로스 강에 가서 머리와 몸을 강물에 담그라. 그리고 네가 범한 과오와 그에 대한 벌을 씻으라."

미다스는 팍톨로스 강에서 그의 욕망이 죽었습니다. 야곱은 얍복 강에서 그의 옛 사람이 죽었습니다. 그렇다면 그리스도인의 팍톨로스 강과 얍복 강은 어디입니까? 두말할 것도 없이 십자가 보혈의 강과 하나님의 말씀의 샘물입니다. 우리는 매 순간 십자가의 능력을 의지하고 매일 하나님의 생수의 말씀에 빠져 속사람이 날로 강건해지는 브니엘의 새 아침의 축복을 누릴 수 있어야 합니다. 나는 죽고 예수로 사는, 내 힘과 능력이 아닌 하나님의 통치와 다스림으로 사는 브니엘의 새 아침의 축복이 당신의 축복이 되기를 사모하십시오.

질문과 나눔

1. 우리가 임마누엘 하나님과 일상의 삶 속에서 동행할 수 있는 방법은 무엇입니까?

2. 당신은 말씀의 샘물을 마시고 있습니까? 있다면, 얼마나 자주 마십니까? 없다면, 구체적인 계획을 세워 실천해 봅시다.

3. 당신의 옛 자아는 지금 어떤 상태입니까? 죽었습니까? 아니면 살아 있습니까? 살아 있는 옛 자아를 죽이기 위해 해결해야 할 가장 시급한 문제는 무엇이라고 생각합니까?

◇

우리의 옛 자아가 죽고
하나님의 다스리심을 입을 때,
우리의 삶은 브니엘의 새 아침을 맞는
축복된 인생으로 변화될 것입니다.

11

거듭난 믿음은
변화된 태도로 증명된다

창세기 33:1-10

페테르 파울 루벤스, 〈야곱과 에서의 화해〉(1628년, 슐라이스하임 궁전)

◇

　　　　　성경의 역사 속에서 형제간의 갈등은 비단 에서와 야곱뿐 아니라 태초의 사람들로부터 시작되었음을 알 수 있습니다. 아담의 아들들인 가인과 아벨이 갈등했고, 아브라함의 아들들인 이스마엘과 이삭이 갈등했고, 이삭의 아들들인 에서와 야곱이 갈등했고, 야곱의 아들들인 요셉과 그의 형제들이 갈등했습니다. 하지만 전체적인 흐름으로 볼 때 성경이 전하고 싶어 하는 메시지는 단지 갈등과 불화의 이야기가 아니라 감격스러운 화해의 이야기임을 알게 됩니다. 창세기 33장의 내용이 바로 대표적인 화해의 이야기입니다.

　앞 장에서 우리는 야곱이 얍복 나루에 홀로 남아 정체 모를 어떤 사람과 씨름한 이야기를 살폈습니다. 여기서 그 어떤 사람은 하나님이 보내신 천사였습니다. 즉 야곱을 변화시키기 위한 하나님의 신적 개입이었던 것입니다. 그런데 그 씨름 과정에서 하나님의 천사가 야곱의 허벅지 관절을

쳐서 그의 허벅지 관절이 위골되었습니다. 이것은 '하나님께서 야곱의 육적인 옛 자아를 꺾으셨음'을 의미하는 것이었습니다.

얍복은 '쏟아붓다, 비워 내다'라는 뜻을 가지고 있는데, 야곱은 그날 밤 얍복에서 '평생 남의 발목이나 잡고 살아왔던 자신의 육적인 옛 자아'를 쏟아 냄으로(죽임으로) 그곳에서 새로운 존재인 '이스라엘'로 거듭나게 되었습니다. 그러고는 다음 날 아침, 야곱은 새로운 존재인 이스라엘로 거듭난 얍복을 '하나님의 얼굴'을 뜻하는 '브니엘'이라 칭했습니다. 이유는, 자신의 육적인 옛 자아가 죽자 비로소 자신을 향하신 하나님의 뜨거운 사랑을 느낄 수 있었기 때문입니다.

이렇게 볼 때, 야곱에게 있어 브니엘에서 맞이한 그 아침은 그가 새롭게 거듭난 '인생의 새 아침'입니다. 비록 겉 사람은 다리를 저는 장애인이 되었지만, 그의 속사람은 이전과는 다른 새로운 인생으로 전환되고 있었습니다.

이런 차원에서 창세기 33장은 야곱의 속사람이 변화되고 있는 중임을 단적으로 보여 줍니다. 물론 야곱이 완벽하게 변화되었다고는 말할 수 없지만, 그래도 남의 발목이나 잡고 살아왔던 이전과는 전혀 다른 모습임에 틀림없어 보입니다. 그렇다면 야곱의 어떤 속사람이 변화된 것일까요?

책임지고 낮출 줄 아는 사람이 되다

드디어 새로운 존재, 이스라엘이 되어 얍복 강을 건넌 야곱이
전날 미리 얍복 강을 건너게 한 가족과 만났습니다. 그런데
잠시 후, 형 에서가 400명의 사병을 이끌고 야곱의 가족을 향
해 돌진해 옵니다. 그러자 야곱이 가족들의 진용을 갖추기 시
작합니다. 어떤 식으로 진용을 배치했습니까? 여종인 빌하와
실바 그리고 그 두 여종이 낳은 자식들을 제일 앞에 세웁니
다. 그리고 그 뒤에 레아와 그녀가 낳은 자식들을 세우고, 그
뒤에 라헬과 그녀가 낳은 요셉을 세워 이들을 맨 후방에 배치
합니다. 야곱이 형 에서를 마주하기 직전에 왜 이런 가족 배
치를 하게 되었는지 그 정확한 이유는 알 수 없지만, 아무래
도 자신이 좀 더 사랑하는 라헬과 그녀가 낳은 요셉을 보호해
주기 위함이 아니었을까 추측해 보게 됩니다.

그런데 야곱에게 변화된 모습이 하나 보입니다. 그것이
무엇입니까?

"자기는 그들 앞에서 나아가되 몸을 일곱 번 땅에 굽히며
그의 형 에서에게 가까이 가니"(창 33:3).

그렇습니다. 야곱이 맨 앞으로 나아간 것입니다. 사실 야곱은 지금껏 가장답게 책임지는 모습을 보여 준 적이 별로 없었습니다. 두 아내인 레아와 라헬이 시기하며 싸울 때도 관망만 했습니다. 그런데 그랬던 야곱이 책임지는 모습을 보이고 있습니다. 자신이 맨 앞에 나아가기 시작한 것입니다. 그러고는 마치 신하가 임금 앞에서 예를 올리는 것처럼 형 앞에서 일곱 번이나 땅에 엎드려 절을 합니다.

사실 야곱은 형 에서를 형으로 여기고 인정해 본 적이 없는 인생이었습니다. 속임수로 형의 장자권과 축복권을 빼앗는 인생, 형의 발목을 잡는 인생이었을 뿐입니다. 그런데 그랬던 야곱이 이날 처음으로 형에게 자신을 낮추었습니다.

이것입니다. 얍복 강에서 자기 영혼의 불순물을 쏟아 내고 육적인 옛 자아를 죽인 야곱의 변화된 모습이 바로 이것이었습니다. 그는 드디어 '책임지는 자세, 낮아지는 모습'을 갖추게 된 것입니다. '속사람이 깊어진다는 것' 또는 '어른이 된다는 것'은 바로 이런 모습이 아닐까요? 자기중심의 삶에서 벗어나 책임질 줄 아는 사람이 되는 것, 자신의 과오를 인정하고 진정성 있는 사과로 고개 숙일 줄 아는 사람이 되는 것 말입니다. 그렇기에 어른이 된다는 것은 단순히 일정 수준의 나이를 먹었다는 뜻은 아닐 것입니다. 왜냐하면 물리적 나이가 찼음에도 여전히 지나칠 정도로 세속적 가치에 집착하는 '속물적 어른'이 있는가 하면 '요즘 젊은 것들은'이라는 말을 입에 달고 사는 '꼰대 같은 어른'도 있고, 때로는 자신의 가치관과 다른 것은 무조건적으로 배척하는 '꽉 막힌 어른'도 있기 때문에 그렇습니다. 이런 차원에서 책임지고 낮추는 야곱의 모습을 보면서 야곱이 드디어 어른이 되어 가고 있다는 느낌을 받습니다.

그렇다면 우리는 어떻습니까? 우리는 자녀나 청년들이 흠모할 만한 멋진 어른으로 빚어져 가고 있습니까? 저는 속사람이 변화되고 있는 야곱의 모습을 보면서 개인적으로 '이런 어른이 되고 싶다'는 소박한 꿈이 생겼습니다. 저뿐 아니라 그리스도인은 세상에서 이기적이지 않은 어른, 책임질 줄 아는 어른, 사과하고 고개 숙일 줄 아는 어른, 신앙 고백을 삶으로 번역해 내는 어른, 다름에 대한 관용을 가진 어른, 젊은 이들과 격이 없이 소통하는 어른, 타인의 아픔에 공감하는 따뜻한 마음씨를 가진 어른, 이따금 아이의 천진함이 미소에 묻어 나오는 어른이 되어야 할 것입니다. 우리는 모두 그렇게 성숙한 어른이 되어 가야 합니다.

사람을 보는 시선이 달라지다

야곱이 형 에서를 향해 땅에 일곱 번 엎드리자 에서가 달려와 야곱을 얼싸안았습니다.

> "에서가 달려와서 그를 맞이하여 안고 목을 어긋맞추어 그와 입 맞추고 서로 우니라"(창 33:4).

아마도 에서는 자신에게 일곱 번 엎드려 절하는 동생을 보며 동생의 진정성을 받아들인 것 같고, 야곱은 자신을 얼싸안아 준 형의 따뜻한 사랑을 느끼며 형의 진심을 간파한 것 같습니다. 그래서 둘은 함께 웁니다. 드디어 역사적인 화해의 눈물을 흘리고 있는 것입니다.

그런데 솔직히 이 장면이 그동안 야곱의 이야기를 읽어 온 우리 입장에서는 당황스럽기 그지없습니다. 일단 야곱은 하나님을 만나 새로운 존재인 이스라엘로 변화되었다 치더라도, 야곱을 죽이겠다고 혈안이 되어 있던 형 에서가 동생을 보자마자 얼싸안은 것은 선뜻 이해하기가 쉽지 않습니다. 특별히 이 화해의 샘물이 터져 나오기까지 두 형제는 말 한마디도 섞지 않았는데 어떻게 이런 극적 화해가 가능할 수 있었을까 하는 의문이 들기까지 합니다.

그날 에서의 마음이 변화된 결정적 이유가 무엇이었을까요? 세월이 흘러 나이를 먹다 보니 갱년기가 찾아와 감성적이 되어서 그랬던 것일까요? 물론 우리네 인생에는 세월이 흐르면서 시간이 해결해 주는 문제들도 있긴 합니다. 하지만 세월이 가도 잘 지워지지 않는 고통과 아픔과 상처 또한 많습니다. 어릴 적 폭력을 당했던 사람의 고통이나 자녀를 먼저 떠나보낸 부모의 쓰라린 아픔은 세월이 가도 희미해지지 않습니다. 한을 품은 마음은 여간해서는 풀리지 않기 때문입니다. 이런 측면에서 볼 때, 야곱에게 장자권과 축복권을 빼앗겨 20년 동안 한을 품고 살아왔던 에서가 야곱을 보자마자 끌어안고 화해의 눈물을 흘린 것은 아무리 생각해도 놀라운 일이 아닐 수 없습니다.

도대체 무엇이 에서의 마음을 움직였던 것일까요? 성경이 이 부분에 대해 정확히 말씀해 주고 있진 않지만, 그래도 짐작할 수 있는 것 하나가 있습니다. 그것은 에서가 변화되기 전에 야곱이 먼저 변화되었다는 점입니다. 하나님은 야곱에게 '내가 너를 고향 땅으로 돌아가게 할 것'이라고 약속하셨습니다. 그런데 그 약속이 온전히 이루어지기 위해서는 에서의 심경이 변화되어야 합니다. 에서가 야곱에 대해 여전히 적대감을 갖고 죽이려 한다면 야곱이 고향으로 돌아가는 것은 불가능하기 때문입니다. 그래서 이 사실을 누구보다 잘 알고 계신 하나님이 야곱의 배후에서 역사해 에서의 마음을 만지신 것입니다.

우리는 여기서 중요한 교훈 하나를 깨닫습니다. 하나님은 우리와 불편한 관계에 있는 사람의 마음까지도 만지실 수 있다는 것입니다. 그런데 언제 만지십니까? 내가 먼저 변화될 때입니다. 마치 야곱이 얍복 강에서 영혼의 불순물을 비워내고 육적인 옛 자아를 죽였을 때 하나님께서 야곱과 불편했던 에서의 마음을 부드럽게 만지셨듯이 우리와 불편한 관계에 있는 사람의 마음을 만지시는 것입니다.

결국 무엇을 말합니까? 우리의 속사람이 변화되어 하나님과의 관계가 바르게 세워질 때, 하나님은 우리 삶의 배후에서 역사해 에서와 같은 삶의 큰 문제를 만지고 뛰어넘게 하신다는 것입니다. 놀라운 것은, 배후에서 역사하신 하나님의 일하심으로 인해 야곱이 형 에서를 보고 이렇게 말했다는 것입니다.

"내가 형님의 얼굴을 뵈온즉 하나님의 얼굴을 본 것 같사오며"(창 33:10b).

액면으로 보자면 아첨하는 말처럼 들리기도 하지만, 문맥의 흐름으로 보면 야곱의 진심이 담긴 고백으로 보입니다. 그도 그럴 것이, 그가 얍복 강에서 자신의 육적인 옛 자아를 죽임으로 '브니엘, 즉 하나님의 얼굴'을 대면했기 때문입니다. 그로 인해 지금 야곱 안에는 하나님이 가득 차 있습니다. 예수님은 '마음에 가득한 것을 입으로 말하는 법'이라고 말씀하셨는데, 그 말씀 그대로 야곱 안에 하나님이 가득 차 있으니 형 에서도 하나님의 형상으로 보이게 되었던 것입니다.

이는 무엇을 말합니까? 하나님을 만나 속사람이 변화되어 가는 자는 '사람을 보는 눈이 달라지게 된다'는 것입니다. 당신은 어떻습니까? 함께 살고 있는 가족의 얼굴을 볼 때 하나님의 얼굴을 보는 것 같습니까? 함께 신앙생활하고 있는 성도들의 얼굴을 볼 때 하나님의 얼굴을 보는 것 같습니까? 우리의 눈은 우리가 관계 맺고 있는 사람들의 얼굴에서 하나님의 얼굴을 볼 수 있는 화평의 눈이 되어야 할 것입니다.

'얼굴'에는 '한 사람의 삶의 궤적'이 나타난다고 합니다. 오죽하면 동양에서는 '관상'(觀相)을 통해 사람의 마음을 읽고 미래의 운명까지도 가늠한다고 하겠습니까? 그만큼 얼굴 안에는 그 사람의 심리 상태는 물론이요, 정신 상태까지도 드

리어져 있다는 것입니다. 마치 '얼'이라는 말이 '정신'을 뜻
하는 것만 보아도 그런 것 같습니다. 정말이지 '얼굴'이야말
로 '우리 내면의 상태를 적나라하게 드러내는 창문'이 아닐
수 없습니다.

그래서일까요? 아무리 무표정한 포커페이스를 한다 해도
그 얼굴에 묻어 있는 감정선까지 지울 수는 없습니다. 그래
서 어떤 사람의 얼굴에서는 주체할 수 없는 '행복과 기쁨'이
뿜어져 나오기도 하고, 어떤 사람의 얼굴에는 잔잔한 호수
와 같은 '평화와 평온'이 비쳐지기도 합니다. 반면에 어떤 사
람의 얼굴에는 세상 근심을 다 담은 듯한 '수심'이 가득 차 있
기도 하고, 심지어 어떤 사람의 얼굴에는 '미움과 증오의 독
살'이 박혀 있기도 합니다.

그렇다면 지금 하나님의 눈에 비친, 또한 사람들의 눈에
비친 당신의 얼굴은 어떻습니까? 사실 이 땅의 모든 아름다
운 것들 안에는 아름다운 하나님의 얼굴이 들어 있습니다.
동시에 이 땅의 모든 망가지고 추한 것들 안에도 실은 그렇
게 된 것을 아파하시는 하나님의 얼굴이 들어 있습니다. 그
렇기에 우리는 순간순간 우리 안에 있는 하나님의 얼굴이 훼
손되어 가고 있지는 않은지를 생각할 수 있어야 합니다. 만
약 우리의 추한 욕망 때문에 우리 안에 있는 하나님의 얼굴

이 훼손되어 가고 있다면 하나님이 너무나도 마음 아파하시겠다고 생각할 수 있어야 합니다. 그리고 사는 날 동안 우리의 삶이 그리스도를 닮아 감으로 하나님의 형상이 손상되지 않게 해 달라고 기도해야 합니다.

우리의 삶의 자리에 아무리 거센 고통의 파도가 밀려온다 할지라도 우리 본연의 얼굴인 하나님의 얼굴이 실종되지 않게 하십시오. 예수님은 십자가에 달려 숨을 거두기까지 사랑(평화, 소망)의 얼굴이셨습니다. 우리 또한 그래야 합니다. 우리의 얼굴 역시 예수님처럼 누군가에게 평화를 선사하는 얼굴, 살 소망이 일어나게 하는 얼굴이 되어야 합니다. 그래서 그 얼굴이 보고 싶어지고, 그 얼굴과 맞대어 소소한 삶의 이야기를 나누고 싶어지고, 그 얼굴을 보면 볼수록 기분이 좋아지고 영혼이 맑아지는 얼굴의 소유자가 되어야 합니다.

확신하건대, 우리의 속사람이 깊어지고 넓어지면 우리의 얼굴이 하나님의 얼굴로 점차 변화될 것입니다. 무엇보다 우리의 속사람이 깊어지고 넓어지면 사람을 보는 시선 또한 하나님의 얼굴을 보는 시선으로 달라지게 될 것입니다. 하나님의 얼굴로 말입니다.

사람들은 갓 태어난 아기의 얼굴을 바라보면서 그 아기의 아빠와 엄마의 모습을 찾습니다. 그러면 아빠와 엄마는 아기가 자신들을 닮았다는 사람들의 말에 뿌듯해하고 자랑스러워합니다. 하나님 아버지도 동일한 마음이 아니실까요? 당신의 자녀인 우리가 가면 갈수록 당신을 쏙 빼닮아 갈 때 뿌듯해하시지 않을까요? 우리는 하나님의 얼굴, 즉 '하나님의 사랑, 하나님의 용서 그리고 하나님의 책임지는 성품'까지도 쏙 빼닮아 나와 부대끼는 사람들과의 관계가 '화평의 관계'로 더욱 부드러워지고 깊어져야 합니다. 그럴 때 우리는 하나님이 뿌듯해하시고 자랑스러워하실 만한, 그야말로 명예로운 하나님의 자녀가 될 수 있습니다.

1. 당신의 언어로 '어른'을 정의해 보십시오.

2. 당신 안에는 무엇이 가득 차 있습니까? 당신이 가장 자주 생각하고 떠올리는 것은 무엇입니까?

3. 성경에 등장하는 인물 중에 당신이 닮고 싶은 사람은 누구이며, 그 이유는 무엇입니까?

12

악을 악으로
갚는 것은 믿음이 아니다

창세기 34:1-31

줄리아노 부지아르디니, 〈디나의 강간〉(1531년, 오스트리아 미술관)

◇

　　　자동차 운전을 할 때마다 드는 생각은, '예전에 내비게이션이 없을 때는 어떻게 낯선 곳을 찾아갔지?' 하는 것입니다. 이제 내비게이션의 안내가 없으면 낯선 곳을 찾기가 참 쉽지 않습니다. 특별히 최단 거리로 안내해 주는 내비게이션의 안내를 들을 때면 '내 삶에도 이런 최단 거리 인생 안내자가 있으면 참 좋겠다!'는 생각을 하곤 합니다.

　물론 그리스도인에게는 인생의 길이 되시는 예수님이 계십니다. 그러나 예수님은 우리에게 인생의 최단 거리보다는 인생의 바른 방향을 가르쳐 주십니다. 선과 악의 갈림길에서는 선으로, 빛과 어둠의 갈림길에서는 빛으로, 진실과 거짓의 갈림길에서는 진실로, 거룩함과 속됨의 갈림길에서는 거룩함으로 향할 수 있도록 인도하십니다. 비록 바른 방향으로 향하는 것이 조금은 더디게 느껴질지라도, 예수님은 우리가 그 길로 오기를 원하십니다.

지금 한국 교회는 위기에 처해 있습니다. 정치 논리나 세속 가치에 복음의 본질이 훼손되어 가고 있기 때문에 위기입니다. 이로 인해 '거룩'이라는 성도의 정체성이 상실되어 가고 있기 때문입니다. 예수를 믿는다는 것은 그분이 우리의 구세주임을 믿고 그분의 말씀의 숨결을 따라 그분을 닮아 가는 것입니다. 그런데 어느 순간부터인가 우리가 예수 닮는 노력을 게을리 하다 보니 쓰나미처럼 밀려오는 세속적 가치에 물들어 하나님의 백성으로서 서야 할 자리가 어디인지 갈피를 잡지 못하고, 예수의 제자로서 향해야 할 삶의 방향이 어디인지 분간을 못 하고 있습니다. 저는 이것이 작금의 한국 교회가 처한 위기 중의 위기라고 봅니다.

그런 차원에서 이 장에서 살펴볼 창세기 34장의 내용은 하나님의 백성이요, 예수님의 제자인 우리가 서야 할 자리가 어디인지, 향해야 할 방향이 어느 쪽인지를 명확히 보여 준다는 점에서 그리스도인들이 다시금 붙잡아야 할 소중한 말씀이라 생각합니다. 우리는 이 말씀을 통해 다시금 성도다운 '자리'와 신자다운 '방향'을 명확히 설정할 수 있어야 할 것입니다.

돈이면 다 된다는 천박한 생각을 버리라

에서와 야곱, 두 형제가 20년 동안 쌓인 앙금을 씻어 버리고 감격스러운 화해의 상봉을 했습니다. 그렇다고 두 형제가 함께 사는 것은 아니었습니다. 같이 살자는 에서의 제안이 있었지만 야곱은 그것이 불편할 거라 판단한 것 같습니다. 그래서 서로 간의 평화로운 공존을 위해 야곱은 다른 지역에 정착해 살기로 결정합니다. 결국 에서는 본인의 집이 있는 '세일'이라는 곳으로 돌아가게 되었고, 야곱은 가나안 땅 '세겜'이라는 지역으로 가서 그곳의 땅을 구입해 정착하게 됩니다.

그런데 야곱의 가정이 세겜에 잘 정착해서 살아가던 중 생각하기도 싫은 끔찍한 사건을 맞닥뜨리게 됩니다. 그것은 야곱의 딸 '디나'가 그곳 세겜 성의 막강한 권력자인 세겜이라는 사람에게 강간을 당하게 된 사건입니다. 모르긴 해도 강제 추행을 당한 디나의 입장에서는 죽고 싶은 심정이었을 것입니다. 그런데 아버지 야곱은 딸 디나가 강간을 당했다는 충격적인 소식을 들었음에도 불구하고 아들들이 일터에서 귀가할 때까지 어떠한 조치도 취하지 않고 잠잠히 있었습니다.

드디어 일터에서 돌아온 야곱의 아들들이 여동생 디나가 강간을 당했다는 소식을 듣고는 심히 격노하게 됩니다. 그런데 바로 그때, 디나를 강간한 세겜과 세겜의 아버지 하몰이 야곱의 집에 찾아옵니다. 특별히 세겜의 아버지 하몰이 디나의 아버지 야곱과 아버지 대 아버지로서 대화를 시도하기 위해 찾아온 것입니다. 그런데 야곱은 뒷전입니다. 하몰은 협상할 대상이 야곱이 아님을 눈치 채고는 야곱의 아들들과 협상을 진행합니다(창 34:8).

하몰은 자신의 아들 세겜이 디나를 저렇게도 좋아하니 디나를 자기 집안의 며느리로 달라고 말합니다. 그러면서 한 가지를 더 제안합니다. 이참에 두 가문이 한 민족이 되자는 것입니다(창 34:9-10). 바로 이때, 강간 주범인 '세겜'이 입을 열었습니다. 아마도 이때 야곱의 아들들은 세겜의 진정성 있는 사과를 기대했을 것입니다. 그러나 그런 기대와는 달리 세겜은 단 한마디의 사과도 없이 이런 말을 내뱉었습니다. 자신이 디나에 대한 어떤 몸값이라도 지불할 테니 디나를 달라는 것입니다(창 34:12). 정말이지 천박해도 이렇게 천박할 수가 없습니다.

그렇습니다. 당시 그 지역 권력자인 세겜이 가지고 있던 가치관은 '돈이면 다 된다는 식의 속물적 가치관'이었습니다. 그런 가치관을 가지고 있었기에 그는 자신이 저지른 잘못에 대해 사과하기는커녕, '돈만 지불하면 된다는 추악한 갑질 근성'을 가지고 있었던 것입니다.

예전에 '갑질'이라는 단어가 영국 신문인 〈인디펜던트〉 (*The Independent*)지에 소개된 적이 있었습니다. 알다시피 '갑질'은 권력 관계에서 우위를 점한 사람이 권력이나 돈으로 약자에게 부당한 행위를 하는 것을 일컫는 말입니다. 그런데 〈인디펜던트〉지에서는 이 단어를 영어로 번역할 적절한 단어가 없어 그냥 소리 나는 대로 'gapjil'로 표기하고는 이 단어에 내포된 의미를 설명했습니다. 정말이지 부끄러운 우리말의 세계화가 아닐 수 없습니다.

사실 '갑질'과 같은 단어의 유행은 우리 사회가 얼마나 천박하게 변해 가는지를 보여 주는 징표가 아닐 수 없습니다. '돈과 권력이 주인 노릇 하는 상스럽고 경박한 세상' 말입니다. 그렇기에 그리스도인은 일단 무엇보다도 돈 때문에 너무 주눅 들지 말아야 합니다. 그리고 어떤 경우에도 돈으로 사람을 무시하거나 업신여기거나 얕잡아 보아서는 안 됩니다. 돈이면 다 된다는 생각으로 사람을 하대하는 행동이야말로 천박함의 극치요, 하나님을 멸시하는 행위이기 때문입니다(잠 14:31a, 17:5a).

한 여인의 순결을 무너뜨린 세겜, 무엇보다 사과 한마디 없이 돈으로 무마하려는 세겜, 정말이지 안하무인도 이런 안

하무인이 없습니다. '안하무인'(眼下無人)이란 '눈 아래에 사람이 없다'는 뜻입니다. 즉 사람됨이 교만하여 남을 업신여김을 이릅니다. 바로 이것이 세속적 가나안 문화의 전형이라 할 수 있습니다.

한 여인의 인생을 파괴해 놓고도 돈으로 무마하려는 세겜의 모멸적 행위가 씁쓸함을 넘어 분노를 일으킵니다. 그러나 세겜이 모르는 것이 있었습니다. '내가 누군가에게 가한 비인간적인 행위가 실은 내 인간성을 파괴한다'는 사실을 그는 알지 못했습니다. 임마누엘 칸트(Immanuel Kant)의 말입니다. 뒤집어 말하면, '우리가 만나는 한 사람, 한 사람을 하나님의 형상으로 존귀하게 대할 때 비로소 참사람이 된다'는 것입니다. 이 마음을 잃어버리는 순간 영혼의 전락(轉落)이 시작됩니다. 우리의 영혼이 나락으로 굴러 떨어지게 되는 것입니다.

돈 때문에 성도의 정체성이 주눅 들거나 흔들리지 않을뿐더러, 혹 돈이 있다 하더라도 어떤 경우든 사람을 하대하거나 무시하거나 업신여기지 않고 만나는 사람들을 하나님의 형상으로 존귀하게 대할 수 있는 참사람이 되십시오. 바로 이것이 성도가 서야 할 자리요, 가야 할 방향입니다.

하나님의 백성은 선으로 악을 이긴다

디나가 당한 일로 누구보다 가슴 아파하고 격정적으로 분노
한 사람은 같은 어머니인 레아의 배 속에서 태어난 디나의
친오빠, 시므온과 레위입니다. 이들 두 형제는 여동생 디나
를 추행한 세겜을 가만둘 수 없었습니다. 동시에 이 사건에
대해 침묵하며 수수방관하는 아버지 야곱을 이해할 수 없었
습니다. 이들은 훗날 끔찍한 일을 계획, 실행하고 아버지에
게 항변합니다. 그가 우리 동생을 창녀같이 대하는 것이 옳
으냐고 말입니다.

시므온과 레위를 비롯한 야곱의 아들들은 혼인과 민족 통
합을 제안하는 하몰과 세겜에게 분노심을 가지고 문제를 제
기합니다. 자신들의 가문은 할례 받지 않은 자들과는 결코
혼인을 맺을 수 없다는 것이었습니다. 물론 이 문제 제기는
하몰과 세겜을 속이기 위한 형제들의 속임수였습니다. 남
을 속이는 데 명수였던 아버지 야곱을 닮아서인지 이들 형
제 역시 사람을 속이는 데 일가견이 있어 보입니다. 그러나
이것이 속임수인지를 모르는 하몰과 세겜은 이 제안을 흔쾌
히 받아들여 세겜 성 모든 남자들을 설득해 동시에 집단 할
례를 받게 합니다.

그렇게 3일째가 되던 날, 할례를 받은 세겜 성 남자들이 통증이 심해 전혀 움직일 수 없을 때 시므온과 레위가 칼을 들고 기습해 들어가 하몰과 그 아들 세겜을 비롯한 세겜 성 모든 남자들을 몰살시켜 버립니다. 그리고 뒤늦게 세겜 성 대량 학살 사건을 전해들은 야곱의 다른 아들들이 시체가 즐비한 세겜 성 안으로 들어갑니다. 목적은 공포에 사로잡힌 세겜 성 여자들과 자녀들을 사로잡고 그들의 모든 재물을 약탈하기 위해서입니다.

'대량 학살과 약탈', 이것이 바로 야곱의 아들들이 자행한 끔찍한 일입니다. 이것은 결코 거룩한 전쟁이 아니었습니다. 그렇기에 하나님의 백성이 세상과 싸워 이겼다고 말할 수도 없습니다. 물론 디나를 강간한 세겜이 벌인 행태는 그 무엇으로도 정당화될 수 없는 악한 일이었습니다. 그런데 하나님의 백성인 야곱의 아들들이 벌인 행태는 악을 더 큰 악으로 되갚은 악 그 자체였습니다.

물론 야곱의 아들들은 이것이 여동생 디나를 위한 보복이었다고 항변할지 모르겠습니다. 그러나 솔직히 그 어디에도 디나를 위한 배려는 없었습니다. 오히려 야곱의 아들들은 세겜 사람들보다 더 악랄한 사기꾼이요, 살인마요, 이 기회를 이용해 한몫 단단히 챙겨 보려는 탐욕에 찌든 떼강도였을 뿐입니다.

그렇다면 이 사건이 하나님의 백성인 우리에게 주는 교훈은 무엇일까요? 하나님의 백성이 세상과 같은 방식으로 싸운다면 그것은 세상에 동화되는 것에 지나지 않음을 명심해야 한다는 것입니다. 그런 차원에서 볼 때, 야곱의 아들들은 세상과 싸운 것이 아니라 아예 세상이 되어 버렸습니다. 심지어 하나님의 백성으로서의 구별됨을 상징하는 할례 예식을 속임수와 사기의 도구로 사용할 만큼 그들은 세상이 되어 버리고 말았습니다.

'속임수, 학살, 약탈', 이 모든 것이 야곱의 아들들, 곧 하나님의 백성 안에서 일어났다는 사실이 놀랍지 않습니까? 어떤 위험성을 지적하는 것입니까? 자칫 잘못하면 우리도 이렇게 망가질 수 있다는 것입니다. 우리 역시도 언제든지 불신자보다 더 악한 자가 될 위험성이 다분하다는 것입니다.

잊지 마십시오. 하나님의 백성의 공동체인 '교회'는 선으로 악을 이기는 곳입니다. 어떤 경우에도 무력을 사용하지 않습니다. 도리어 평화와 사랑으로 싸워 이깁니다. 거짓과 속임수를 쓰지 않습니다. 도리어 진실과 진정성으로 싸워 이깁니다. 그래서 바울은 하나님의 백성인 우리에게 이렇게 권면합니다. "아무에게도 악을 악으로 갚지 말고 모든 사람

앞에서 선한 일을 도모하라 … 악에게 지지 말고 선으로 악을 이기라"(롬 12:17, 21). 언제까지 이렇게 해야 합니까? 아무리 죄의 밤이 깊어 가고 악이 기승을 부릴지라도 신자는 그렇게 해야 합니다.

이 사건에 관한 말씀을 묵상하다가 문득 〈하나님의 진리 등대〉(새찬송가 510장)라는 찬양을 흥얼거리게 되었습니다. 시인은 2절 가사에서 이렇게 노래합니다.

죄의 밤은 깊어 가고 성난 물결 설렌다
어디 불빛 없는가고 찾는 무리 많구나
우리 작은 불을 켜서 험한 바다 비추세
물에 빠져 헤매는 이 건져 내어 살리세

잊지 마십시오. 하나님의 백성이요, 예수님의 제자인 우리는 이런 소명 앞에 서 있는 자들입니다. 우리는 죄의 밤이 깊어 가는 길목에 작은 불이나마 밝혀야 할 소명을 받았습니다. 왜냐하면 지금 이 순간에도 '어디 생명의 불빛이 없는가, 어디 피난처가 없는가' 하고 찾는 무리가 많기 때문에 그렇습니다.

물론 어떤 사람은 그리스도인들이 그런 작은 불빛을 비춘다고 이 흑암 같은 사회가 바뀌겠느냐고, 그런 작은 불빛이 무슨 소용이 있겠느냐고 반문할지 모르겠습니다. 그러나 소용이 있어서 하는 것이 아닙니다. 바로 그것이 세상으로 보냄 받은 예수의 제자들이 감당해야 할 거룩한 소명이기 때문에 그렇습니다.

죄의 밤이 깊어지고 악이 더욱 기승을 부린다 할지라도 '선으로 악을 이기겠다는, 어떤 경우에도 악을 악으로 갚지 않겠다는 거룩한 용기'를 잃어버리지 말고 주어진 삶의 자리에서 작은 불빛의 소명을 온전히 감당해 가는 명예로운 하나님의 자녀가 되기를 결단합시다.

질문과 나눔

1. 악한 세상에서 험한 일을 당했을 때 그리스도인은 어떻게 대처
   해야 합니까?

2. 선으로 악을 이긴다는 것은 어떤 의미입니까? 당신은 이것을 경
   험한 적이 있습니까?

3. 당신의 삶의 자리에서 작은 불빛의 소명을 감당할 수 있는 일이
   있다면 무엇입니까?

◇

주님의 몸 된 공동체인 교회는
선으로 악을 이기는 곳입니다.
평화와 사랑으로
거짓과 속임수를 이기는 곳입니다.

13

나를 포기하지 않으시는
하나님을 만나다

창세기 35:1-7

해럴드 코핑, 〈야곱의 기도〉

◇

　　　헨리 데이비드 소로(Henry David Thoreau)의 《월든》에는 미국 인디언들의 전통적 추수 감사 예식인 '버스크'(busk)에 대한 내용이 기록되어 있습니다. '버스크'는 일종의 '마음을 새롭게 단장하는 의식'이라고 할 수 있습니다. 이들은 이 의식을 치르기 위해 먼저 새 옷을 비롯해 새로운 살림 도구와 가구들을 미리 마련해 놓는다고 합니다. 그러고는 이전에 사용했던 모든 헌옷과 지저분한 물건들 그리고 집과 거리에서 나온 쓰레기, 또 남은 곡식과 식료품들을 마을 중앙에 모아 놓고는 싹 다 태워 버린다고 합니다. 그러고는 어떤 약을 먹은 후에 사흘간 단식을 하는데, 이 사흘 동안 마을 안에 있는 모든 불은 꺼지게 되고, 심지어 식욕과 성욕 등 일체의 욕망도 다 꺼 버린다고 합니다. 그런 다음 이 사흘의 기간이 끝나 대사면이 선포되면 그동안 범죄로 인해 부족 바깥으로 떠나야 했던 사람들도 다시 마을로 돌아올 수 있게 된다고 합니다. 그리고 나흘째 아침에 이 의식을 주관한 제사장 같은 사람이 마른 나무들을 비벼서 광장에 새로운 불을 피워 놓으면, 모든 부족 사람들이 제사장이 피워 놓은 이 불에서 새롭고 깨끗한 불을 붙여 집으로 돌아간다고 합니다.

사실 우리의 시각으로는 이런 의식이 굉장히 주술적으로 보입니다. 심지어 너무 낭비하는 것으로까지 보입니다. 그러나 그 의미만 본다면 한번 생각해 볼 만한 의식이 아닐 수 없습니다. 왜냐하면 이 의식 안에는 삶을 정기적으로 새롭고 깨끗하게 하려는 이들의 '삶에 대한 진지함'이 묻어 있기 때문입니다.

어떤 면에서 보면 그리스도인들에게 있어서는 '예배'가 이런 시간이 아닌가 생각합니다. 한 주간 세상에서 오염되고 때 묻은 삶을 참회하며 다시금 새롭고 깨끗하게 되려는 거룩하고 정결한 시간이기 때문입니다. 그런 차원에서 예배는 우리의 옛 사람이 죽고 우리가 새로운 사람으로 재탄생하는 시간이라고 말할 수 있습니다. 동시에 말씀을 통해 사명을 발견하고 하나님의 치유를 경험하며 그분의 능력을 덧입는 시간이라고 할 수 있습니다.

당신은 어떻습니까? 당신은 매 주일 예배를 통해 이런 영적 의식을 치르고 있습니까? 우리는 말씀을 듣고 예배하는 모든 순간에 새사람으로 거듭나는 은혜가 있어야 합니다. 동시에 선포되는 말씀을 통해 우리를 향한 주님의 심정을 발견할 수 있어야 합니다. 더 나아가 예배드리는 중에 하나님의 치유와 능력을 덧입을 수 있어야 합니다. 이런 차원에서 우리는 창세기 35장의 말씀을 통해 우리 신앙의 기본기요, 핵심이라 할 수 있는 '예배'에 대해 상고해 보려 합니다.

예배, 회복의 시작이자 복이다

창세기 35장은 하나님께서 야곱에게 '벧엘로 올라가라'는 명령을 하시는 것으로 시작됩니다. '벧엘'은 야곱이 형 에서의 살기를 피해 외삼촌 라반의 집으로 도피하던 길에 하나님을 만났던 장소입니다. 그때 꿈을 통해 나타나신 하나님께서 야곱에게 "내가 너와 함께 있어 네가 어디로 가든지 너를 지키며 너를 이끌어 이 땅으로 돌아오게 할지라"(창 28:15a)라고 약속하셨습니다. 그러자 잠에서 깨어난 야곱이 하나님을 만난 그곳을 기념하기 위해 '돌기둥'을 세운 후 그곳에 '기름'을 붓고는(일종의 예배의 단을 쌓고는) 그곳의 이름을 '하나님의 집'이라는 뜻의 '벧엘'이라고 칭했습니다(창 28:18-19).

그렇습니다. 원래 벧엘의 옛 지명은 '루스'입니다. '루스'는 '길을 잘못 들다' 또는 '폐허, 황폐함'이라는 의미를 가지고 있습니다. 그런데 야곱이 그 황폐한 땅의 이름을 '하나님의 집, 벧엘'이라고 칭한 것입니다. 왜입니까? 그곳에서 하나님을 만났기 때문입니다. 그리고 수십 년이 지난 오늘, 하나님이 야곱에게 이런 명령을 하신 것입니다.

> "하나님이 야곱에게 이르시되 일어나 벧엘로 올라가서 거기 거주하며 네가 네 형 에서의 낯을 피하여 도망하던 때에 네게 나타났던 하나님께 거기서 제단을 쌓으라 하신지라"(창 35:1).

사실 '벧엘로 다시 올라가라'는 하나님의 이 명령은 앞선 34장에서 벌어졌던 디나의 강간 사건과 연결되어 있습니다. 그러니까 하나님이 야곱에게 물으신 것입니다. "야곱아, 내가 너에게 벧엘로 돌아오라고 했는데 왜 너는 내 말을 듣지 않고 엉뚱한 세겜에 가서 살다가 그런 끔찍한 일을 당했느냐?"

문제는 이로 인해 디나의 오빠들인 시므온과 레위가 여동생의 강간 주범인 세겜과 그의 아버지 하몰과 세겜 성의 모든 남자를 도륙하고 야곱의 다른 아들들은 세겜 성의 모든 재물을 노략질한 것입니다. 그야말로 악을 더 큰 악으로 되갚은 복수혈전이 아닐 수 없었습니다. 그러자 야곱의 아들들의 대량 학살과 약탈이 세겜 주변의 다른 부족들에게 알려지게 되면서 그들이 야곱 집안을 가만두지 않겠다며 으르렁거리게 된 것입니다.

결국 주변 부족들의 원수가 되어 버린 야곱의 가정은 더 이상 세겜에 거주할 수 없게 되어 도망자 신세가 되고 맙니다. 바로 이때, 하나님께서 야곱에게 말씀하신 것입니다. "야곱아, 벧엘로 올라가라. 네가 있어야 할 곳은 벧엘이니 그곳에 거주하면서 거기서 나에게 제단을 쌓아라. 나에게 예배해라."

보십시오. 현재 야곱의 가정은 딸 디나가 강간을 당한 비극적 상황을 맞았습니다. 심지어 두 아들은 수많은 사람을 죽인 살인마가 되었고, 나머지 형제들은 남의 것을 노략질하는 약탈자가 되었습니다. 정말이지 하나님 앞에서도 사람들 앞에서도 도저히 낯을 들 수가 없는 '폐허가 된 가정의 모습'이 아닐 수 없습니다.

그런데 하나님은 그렇게 폐허가 된 야곱의 가정이 가장 먼저 회복해야 할 것이 있다고 말씀하십니다. 그것이 무엇입니까? 벧엘에서 드리는 당신을 향한 예배라는 것입니다. 앞서 이야기했듯이 벧엘의 옛 이름은 '길을 잘못 들다', 또는 '폐허, 황폐함'을 의미하는 '루스'입니다.

그러니까 하나님의 뜻은 이것입니다. 야곱이 그 옛날 황폐한 땅 루스에서 당신을 만난 기쁨으로 예배의 단을 쌓았을 때 폐허와 같은 그곳 루스가 하나님의 집 벧엘이 되었듯이 지금 루스와 같은, 즉 폐허가 된 야곱의 가정이 다시 회복될 수 있는 유일한 길은 벧엘(예배의 자리)로 돌아오는 것뿐임을 말씀하고 계시는 것입니다.

잊지 마십시오. 가정이 영적으로나 관계적으로 또는 삶 속에서 폐허가 되었다면 다른 어떤 것보다도 예배가 먼저 회복되어야 합니다. 이것은 개인의 삶도 그리고 교회 공동체도 마찬가지입니다. 지금 삶의 질서가 무너졌다면, 심령이 돌처럼 굳어졌다면 가장 먼저 예배가 회복되어야 합니다. 교회 공동체가 든든히 세워지는 출발점도 예배의 자리요, 인생길 속에서 수없이 넘어지고 자빠져도 다시금 주님 손 붙잡고 일어서는 곳 역시 예배의 자리입니다. 그야말로 예배가 우리 인생의 '최고의 복'입니다.

실제로 하나님은 벧엘로 다시 돌아온 야곱에게 복을 주십니다(창 35:9). 야곱이 한 것이라고는 예배의 자리로 돌아온 것뿐인데 모든 것이 회복되어 버렸습니다. 왜입니까? 하나님이 가장 기뻐하시는 것이 예배의 자리를 떠나지 않는 것이요, 순전한 예배자가 되는 것이기 때문입니다. 그래서 예배야말로 우리 생애 최고의 복임을 깨달았던 히브리서 기자는 우리에게 이런 권면을 합니다. "그러므로 우리는 긍휼하심을 받고 때를 따라 돕는 은혜를 얻기 위하여 은혜의 보좌 앞에 담대히 나아갈 것이니라"(히 4:16).

요즘 어떤 어려움과 고민이 있습니까? 어떤 말 못 할 상처와 아픔이 있습니까? 그렇다면 '은혜의 보좌 앞으로, 예배의 자리로' 담대히 달려 나오십시오. 그 예배의 자리에서 주님의 긍휼하심을 받으십시오. 주님의 돕는 은혜를 얻으십시오. 주님 손 붙잡고 다시 일어서십시오. 그리스도인에게 있어 예배는 회복의 시작이자 그 자체가 복입니다. 우리는 예배를 통해 속사람이 강건해지고, 가정과 일터가 든든히 세워지며, 무엇보다 예배를 통해 주님의 돕는 은혜를 경험할 수 있는 축복을 누릴 수 있어야 합니다.

예배자, 당신 안의 우상을 정리하라

야곱은 '다시 벧엘로 올라가 거기서 예배의 제단을 쌓으라'는 하나님의 부르심에 순종합니다. 그런데 벧엘로 올라가기

전에 하나님 앞에서 단호한 결단을 합니다. 그러고는 그 결단을 가족들에게 선포합니다.

"야곱이 이에 자기 집안사람과 자기와 함께한 모든 자에게 이르되 너희 중에 있는 이방 신상들을 버리고 자신을 정결하게 하고 너희들의 의복을 바꾸어 입으라"(창 35:2).

아마도 야곱이 버리라고 하는 그 이방 신상들의 출처는 야곱의 아들들이 세겜 성에서 약탈해 온 물건들에서 나왔을 것이며, 무엇보다도 라헬이 아버지 집을 떠나올 때 아버지 몰래 가지고 나왔던 가정 수호신 '드라빔'도 포함되었을 것입니다. 충격적이지 않습니까? 하나님을 섬기는 야곱의 집안이 하나님도 섬기고 우상도 은밀히 품고 있었다는 사실이 참으로 놀랍습니다. 그러나 간과하지 말 것은, 우리도 그럴 가능성이 다분하다는 사실입니다. 오죽하면 하나님께서 당신의 백성에게 주신 첫 번째 계명이 '나 외에 다른 신을 섬기지 말라'는 것이었겠습니까? 그만큼 우리가 우상에 노출될 가능성이 높고, 세상에 동화될 위험이 다분하다는 것입니다.

실제로 야곱의 가족은 10여 년 정도 세겜에 살면서 철저히 세겜화되어 버렸고, 세겜의 가치관에 동화되어 버렸습니다. 이런 상황 속에서 가장 씁쓸한 사람은 야곱입니다. 알다시피 야곱은 얍복 강에서 자신의 옛 자아를 죽임으로 브니엘의 하나님을 경험했습니다. 심지어 '이스라엘'이라는 새 이름까지 부여 받았습니다. 그런데 충격적인 것은 그의 신앙이 제자리라는 사실입니다. 이는 무엇을 말합니까? 한 번 뜨겁게 하나님을 만난다고 해서 신앙이 보장되는 것은 아니라는 것입니다.

사실 이런 야곱의 신앙을 보면서 깨닫는 것은, 정말 안 변하는 야곱도 대단하지만, 그런 야곱을 결코 포기하지 않고 끝까지 찾아오시는 하나님의 지독한 사랑은 더 놀랍고 대단하다는 것입니다. 우리가 그런 존재가 아닙니까? 참 안 변합니다. 목사인 저만 봐도 그렇습니다. 급한 성격, 욱하는 성질 등 삶에서 나타나는 야곱스러운 모습을 보면 하나님 앞에 부끄러워 낯을 들 수가 없을 정도입니다. 그런데 놀라운 것은, 하나님은 그런 야곱스러운 우리를 결코 포기하지 않고 사랑의 추적을 해 오신다는 사실입니다.

감사한 것은, 포기하지 않으시는 하나님의 사랑의 추적으로 인해 드디어 야곱이 깨닫게 되었다는 것입니다. 이 세상 속에서 하나님을 만난 사람으로 살기 위해서는 반드시 예배의 자리로 돌아가야 함을, 무엇보다 예배의 자리로 돌아가기 위해서는 삶의 모든 우상을 정리해야 함을 깨닫게 되었습니다. 그래서 집 안에 있는 모든 이방 신상을 찾아낸 뒤 그것들을 땅에 묻어 버렸습니다.

이 행위가 의미하는 것이 무엇입니까? 이제 앞으로는 오직 하나님만 섬기며, 오직 하나님께만 충성하며 살겠다는 거룩한 의지의 표현입니다. 그렇습니다. 참된 예배의 출발은 우리 안에 은밀히 자리 잡고 있던 우상들을 정리하는 것으로부터 시작됩니다. 즉 하나님 아닌 것을 하나님으로 모셨던 과거를 참회하는 것으로부터, 하나님보다 더 사랑하고 더 귀중히 여겼던 것들을 내려놓는 것으로부터 참된 예배가 출발한다는 것입니다.

잊지 마십시오. '내가 무엇을 가장 사랑하는지, 내가 최종적으로 무엇에 의존하며 살고 있는지, 내가 어디에 가장 높은 충성을 바치며 살고 있는지'를 묻고 답하는 곳이 바로 예배의 자리입니다. 한 가지 더 주목할 것은, 야곱의 가족이 모든 이방 신상을 땅에 묻고 세겜을 떠나 예배의 자리 '벧엘'로 향하자 하나님께서 야곱의 현실적 두려움의 장벽들까지도 허물어뜨려 주셨다는 사실입니다. 지금 야곱에게 있어 현실적으로 가장 두려운 것이 무엇이겠습니까? 세겜 주변 부족들이 야곱과 야곱의 가족을 죽이려는 복수에 대한 공포입니다. 그런데 하나님께서 예배의 자리로 돌아가는 야곱과 그의 가족을 보호하기 위해 세겜 주변 부족들의 내면에 야곱에 대한 두려움을 심어 놓아 그들이 더 이상 추격하지 못하게 막으셨습니다(창 35:5).

우리는 여기서 하나님은 당신의 자녀들이 버릴 것을 버리고 예배의 자리로 돌아오면 현실적 문제도 풀어 주신다는 것을 깨닫게 됩니다. 그런 차원에서 볼 때, 한편으로 예배는 '풀림의 시간'이기도 합니다. 고민하고 두려워하던 문제, 복잡한 삶의 실타래가 풀리는 시간이기에 그렇습니다. 우리는 우리 안에 숨겨 둔 우상들을 깔끔이 정리하고 예배의 자리를 더욱 사모함으로 예배를 통해 현실적인 삶의 문제까지도 풀리는 기적을 경험할 수 있어야 할 것입니다.

엘벧엘에서 하나님의 임재를 경험하라

드디어 야곱이 가족들을 데리고 가나안 땅 '벧엘'에 도착했습니다.

"야곱과 그와 함께한 모든 사람이 가나안 땅 루스 곧 벧엘에 이르고 그가 거기서 제단을 쌓고 그곳을 엘벧엘이라 불렀으니 이는 그의 형의 낯을 피할 때에 하나님이 거기서 그에게 나타나셨음이더라"(창 35:6-7).

벧엘에 도착한 야곱이 가족들과 함께 예배의 단을 쌓고 있습니다. 그러고는 그곳의 이름을 '엘벧엘', 즉 '벧엘의 하나님, 하나님의 집의 하나님'이라고 칭했습니다. 주목할 것은, 그 땅의 이름이 '루스'에서 '벧엘'로 그리고 벧엘에서 '엘벧엘'로 변화되었다는 것입니다. 이 변화는 마치 야곱의 신앙 역사를 보는 듯합니다.

보십시오. '황폐함, 폐허'를 의미하는 '루스'처럼 형의 살기를 피해 도망가던 야곱의 삶은 황폐함(루스) 그 자체였습니다. 그러나 그곳 '루스'에서 하나님을 만났습니다. 그래서 야곱은 그곳의 이름을 '하나님의 집'이라는 뜻의 '벧엘'이라고 칭했습니다. 그런데 이후 야곱의 삶의 궤적을 보면 하나님을 만난 사람의 모습은 크게 보이지 않습니다. 그의 삶은 철저히 세상과 동화된 '욕망의 삶'이었고, 심지어 집 안에 우상도 허용하는 '이중적 신앙의 행태'를 보였습니다.

왜 이렇게 되었을까요? 짐작해 보건대, 그가 하나님을 만난 벧엘을 그저 장소로만 의미 부여했기 때문이 아니었을까 생각합니다. 요즘 우리 식으로 말하면 '나 교회 다닌다' 정도의 의미로만 생각한 것입니다. 교회 다니는 정도를 신앙생활하는 것으로 착각하는 것, 어쩌면 이것이 장소적 의미로서의 벧엘의 단계인지도 모르겠습니다. 그러므로 혹여 지금 당신이 이런 신앙의 위치에 있다면, 하루라도 빨리 벧엘로 올라가 '엘벧엘'을 체험해야 합니다.

무슨 말입니까? 앞서 이야기한 것처럼, 엘벧엘은 '벧엘의 하나님, 하나님의 집의 하나님'이라는 의미입니다. 야곱에게 있어 '벧엘'이 하나님의 집이라는 장소의 의미가 강했다면, '엘벧엘'은 하나님의 집에 계신 하나님을 강조하는 것입니다. 다시 말하면, 드디어 야곱이 벧엘(하나님의 집)에서 그곳에 임재하시는 하나님을 경험하게 되었다는 것입니다.

우리의 예배가 이러해야 합니다. 매 주일 벧엘이라는 하나님의 집에 와 있는 것으로 만족해서는 안 됩니다. 그 집에 임재하시는 하나님을 만나는 예배가 되어야 합니다. 다시 말해, 하나님의 임재를 경험하는 엘벧엘의 예배가 되어야 한다는 것입니다. 매주 벧엘(하나님의 집)에 온 것으로 만족하지 말고 엘벧엘(하나님의 임재)을 갈망하십시오. 우리 속사람의 회복은 하나님의 임재를 경험하는 예배로부터 시작됨을 기억하십시오.

1. 당신의 신앙생활 가운데 회복되어야 할 영역이 있다면 무엇입니까?

2. 당신은 교회에 다니는 사람입니까, 아니면 하나님을 예배하는 사람입니까? 이 둘의 차이는 무엇이라고 생각합니까?

3. 당신 안에 있는 '드라빔'은 무엇입니까? 이것을 제거하기 위해서는 어떤 노력이 필요하다고 생각합니까?

◊

포기할 줄 모르는 인생을
찾아오신 하나님을 만나십시오.
나를 포기하지 않으시는 하나님의 열정이
당신의 인생을 거룩하게 인도하실 것입니다.

축복으로 마무리하다

그동안 우리는 야곱의 인생 발자국을 좇아왔습니다. 참으로 파란만장하고 굴곡진 인생이 아닐 수 없습니다. 태어날 때부터 형 에서의 발꿈치를 잡고 나와서 그 이름도 '발꿈치(발목)를 잡았다'는 뜻의 야곱입니다. 하지만 이런 발목 잡는 야곱의 인생을 하나님이 친히 붙잡아 주셨습니다. 그것도 그의 삶이 가장 어둡고 비참했던 순간에 말입니다. 그때 주신 약속의 말씀이 이것입니다.

"내가 너와 함께할 것이다. 네가 어디로 가든지 내가 너를 지켜 줄 것이다. 내가 너에게 약속한 것을 다 이루기까지 내가 너를 떠나지 않을 것이다."

놀라운 것은, 야곱에게 약속하신 이 말씀 중 이루어지지 않은 것이 하나도 없었다는 사실입니다. 우리가 야곱의 인생을 정리하면서 반드시 붙잡아야 할 말씀이 바로 이것입니다. '하나님이 약속하신 말씀은 반드시 이루어진다.' 그렇기에 하나님의 자녀인 우리가 일평생 서야 할 곳은 찬송가 가사 그대로 "주님 약속하신 말씀 위"입니다. 세상의 염려가 엄습해 온다 할지라도 그 약속의 말씀 위에 굳건히 서야 합니다.

파란만장한 인생을 살아온 야곱이 자신의 죽음을 예감하고는 열두 명의 아들을 불러 모았습니다. 임종을 앞둔 자리여서인지 아들들을 향한 야곱의 축복 메시지가 왠지 애틋하고 애잔하게 느껴집니다. 비록 야곱의 겉 사람은 후패해져 임종을 앞두고 있지만, 그의 속사람은 더욱 강건해져 자녀들의 미래를 하나님께 의탁하며 그들을 축복하고 있습니다.

솔직히 야곱은 많은 세월을 복을 가로채는 자로 살아왔습니다. 하지만 하나님의 은혜로 그 속사람이 강건해진 이후로는 복을 빌어 주는 사람이 되었습니다. 애굽의 바로를 만났을 때도 복을 빌어 주었고, 열두 명의 아들에게도 복을 빌어 주고 있습니다. 바로 이것이 축복으로 삶을 마무리하는 야곱의 인생 갈무리입니다.

하나님의 사람은 축복하는 것을 사명으로 받은 자들입니

다. 그렇기에 우리는 축복을 많이 하며 살아야 합니다. 야곱처럼 자녀들을 축복할 뿐 아니라 평생의 반려자인 남편과 아내를 축복하고, 기댈 언덕이 되어 준 이들을 축복하고, 일터를 축복하고, 사는 도시와 이 나라를 축복해야 합니다. 분명한 것은, 그렇게 축복할 때 축복 받는 상대도 흥하고, 축복하는 나도 흥하게 될 것이라는 사실입니다(잠 11:11).

무서운 것은, 축복하면 그 축복이 나에게로 돌아오듯, 저주하면 그 저주 역시 부메랑이 되어 나에게로 돌아온다는 사실입니다. 그래서 성경은 "너희를 박해하는 자를 축복하라 축복하고 저주하지 말라"(롬 12:14)고 말씀합니다. 왜냐하면 "이[축복]를 위하여 너희가 부르심을 받았으니 이는 복을 이어받게"(벧전 3:9) 하기 위함이라고 말씀합니다.

주목할 것은, 야곱이 아들들을 어떻게 축복했는가 하는 것입니다. 말씀을 보십시오.

"이들은 이스라엘의 열두 지파라 이와 같이 그들의 아버지
가 그들에게 말하고 그들에게 축복하였으니 곧 그들 각 사

람의 분량대로 축복하였더라"(창 49:28).

　야곱은 아들들을 그들의 인격과 삶의 분량대로 축복했습니다. 저는 이것이 하나님의 축복 원리라고 생각합니다. 그러므로 우리는 밤낮 축복만 달라고 기도할 것이 아니라, 그 축복을 담아낼 그릇, 곧 인격의 그릇, 믿음의 그릇을 준비할 수 있도록 기도해야 합니다. '주님, 제 인격의 그릇이 하나님의 축복을 담아낼 만한 넓은 그릇이 되게 하옵소서. 제 믿음이 산을 옮길 만한 큰 믿음의 용량을 갖추게 하옵소서.'

　야곱은 열두 아들 중 요셉을 이렇게 축복했습니다. "위로 하늘의 복과 아래로 깊은 샘의 복과 젖먹이는 복과 태의 복이리로다"(창 49:25b). '하늘의 신령한 복'은 하나님의 자녀가 되어 하늘의 평화를 덧입는 축복을 말합니다. '아래로 깊은 샘의 복'은 샘이 깊은 물이 가뭄에도 마르지 않듯이, 이 땅에서 마르지 않는 기름진 축복을 말합니다. '아래로 젖먹이는 복과 태의 복'은 자녀의 축복뿐 아니라 신앙 계승의 축복을 말합니다.

이처럼 야곱은 요셉을 향해 어마어마한 축복을 했습니다. 뒤집어 말하면, 요셉에게 이런 축복을 받을 만한 그릇이 준비되었다는 것입니다. 우리 또한 신앙 인격의 그릇과 믿음의 용량을 잘 준비해 '하늘 평화를 덧입는 복, 마르지 않는 이 땅의 기름진 복, 신앙 계승의 복'을 받을 수 있어야 할 것입니다.

야곱의 이야기를 정리하면서 도전받는 것은 그의 삶이 축복으로 마무리되고 있다는 것입니다. 달리 표현하자면, 축복함으로 축복 받은 인생으로 그의 삶을 갈무리하고 있다는 것입니다. 솔직히 '야곱'의 이름으로 살아갈 때는 그의 삶이 이렇게 아름답게 마무리될 것이라고는 상상할 수 없었습니다. 그런데 하나님이 이런 야곱을 택하여 '이스라엘'이라는 새 이름을 주셨습니다. 그리고 그의 삶이 아름답게 마무리될 수 있게 해 주셨습니다.

사실 야곱의 삶이 이렇게 아름답게 마무리될 수 있었던 이유는 오직 하나, 야곱을 결코 포기하지 않으신 하나님의 집념, 야곱을 끊임없이 추적해 오신 하나님의 지독한 사랑 때문이었습니다. 한마디로 말하면 '하나님의 은혜'입니다. 그런 차원에서 볼 때 야곱이라는 인물은 하나님의 은혜가 만들어 낸 작품입니다. 하나님의 은혜가 사기꾼이요, 거짓말쟁이였던 야곱을 원숙한 하나님의 사람으로 변화시킨 것입니다.

야곱을 향한 하나님의 은혜와 사랑이 얼마나 대단한지, 하나님은 야곱을 붙잡기 위해 사기꾼의 하나님이라 불리는 것도 마다하지 않으셨습니다. 사실 잘 변하지 않는 야곱을 보면서 그를 부른 것을 후회할 만도 하셨을 텐데, 하나님은 단한 번도 후회한 적이 없으셨습니다.

우리가 바로 하나님에게 그런 존재입니다. 한번 돌아보십시오. 솔직히 야곱스러운 우리의 삶을 돌아보면 하나님께 한 발, 세상 욕망에 한 발, 이렇게 양다리를 걸치는 일이 많았습니다. 그럼에도 불구하고 하나님은 우리를 부른 것을 단 한 번도 후회한 적이 없으셨다는 사실입니다. 정말이지 은혜입니다. 그렇기에 우리는 하나님의 은혜가 만들어 낸 최고의 작품입니다. 그래서 이 놀라운 은혜와 사랑을 깨달았던 사도 바울은 이런 고백을 합니다. "하나님의 은사와 부르심에는 후회하심이 없느니라"(롬 11:29).

그렇다면 이러한 은혜를 받은 우리가 해야 할 일은 무엇일까요? 첫째, 야곱의 하나님을 나의 피난처와 도움으로 삼는 것입니다(시 46:7, 146:5). 둘째, 야곱스러운 나를 위해 당신의 독생자를 죽이면서까지 구원해 주신 야곱의 하나님을 증거하고 찬양하는 것입니다(시 75:9). 셋째, 나도 야곱처럼 축복하며 사는 것입니다. 왜냐하면, 하나님의 사람은 축복하는 것을 사명으로 받은 사람이기 때문입니다.

우리는 하나님의 은혜가 만들어 낸 최고의 작품입니다. 따라서 우리는 평생 그 하나님만을 피난처와 도움으로 삼고 그분만을 증거하며 찬양하는 삶을 살아야 합니다. 바라기는 이 책을 읽은 모든 주님의 작품들이 인생의 마지막 순간까지 축복하는 사명을 능히 감당할 수 있는 은총의 사람이 되기를 축복합니다.